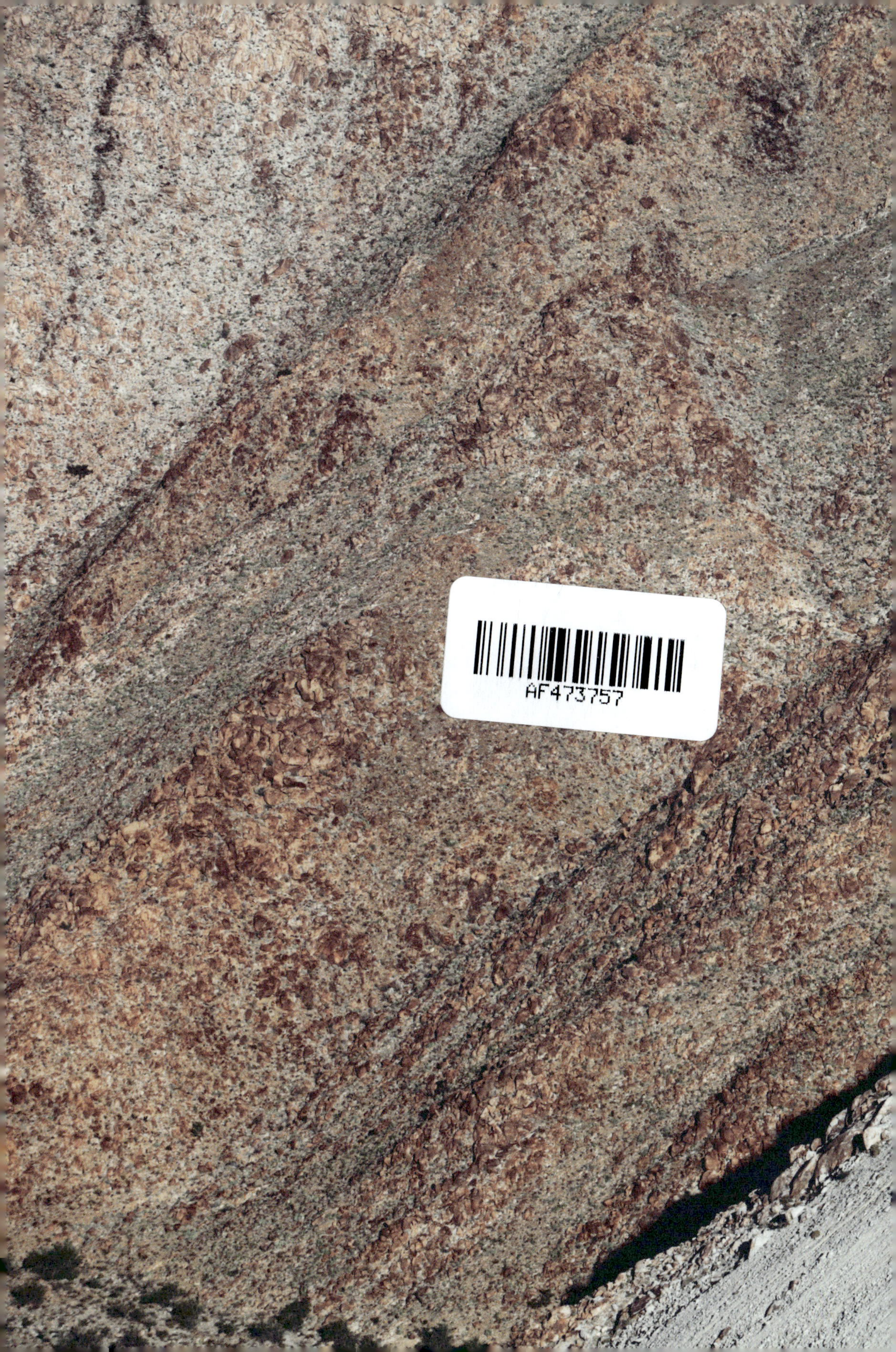

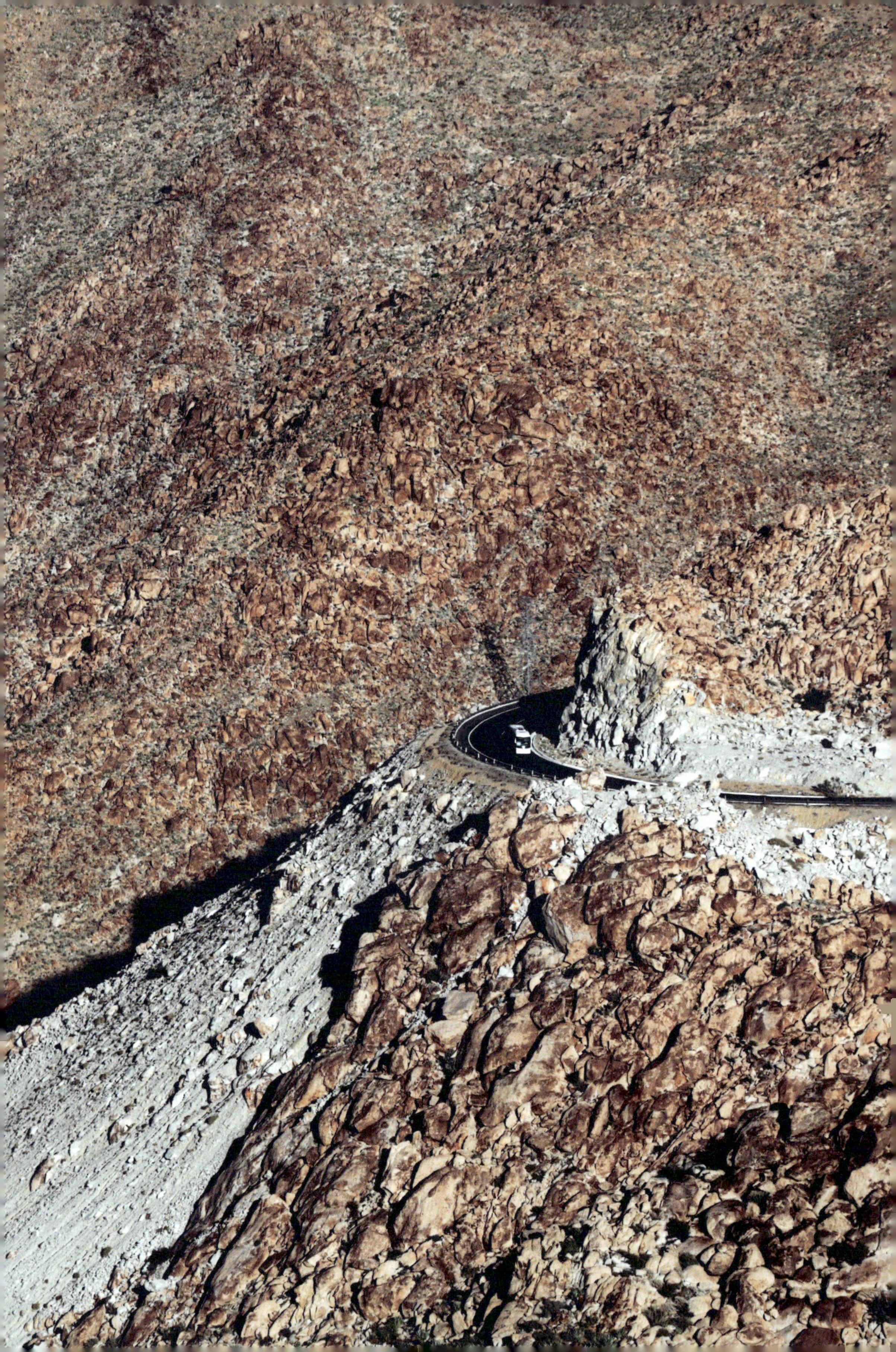

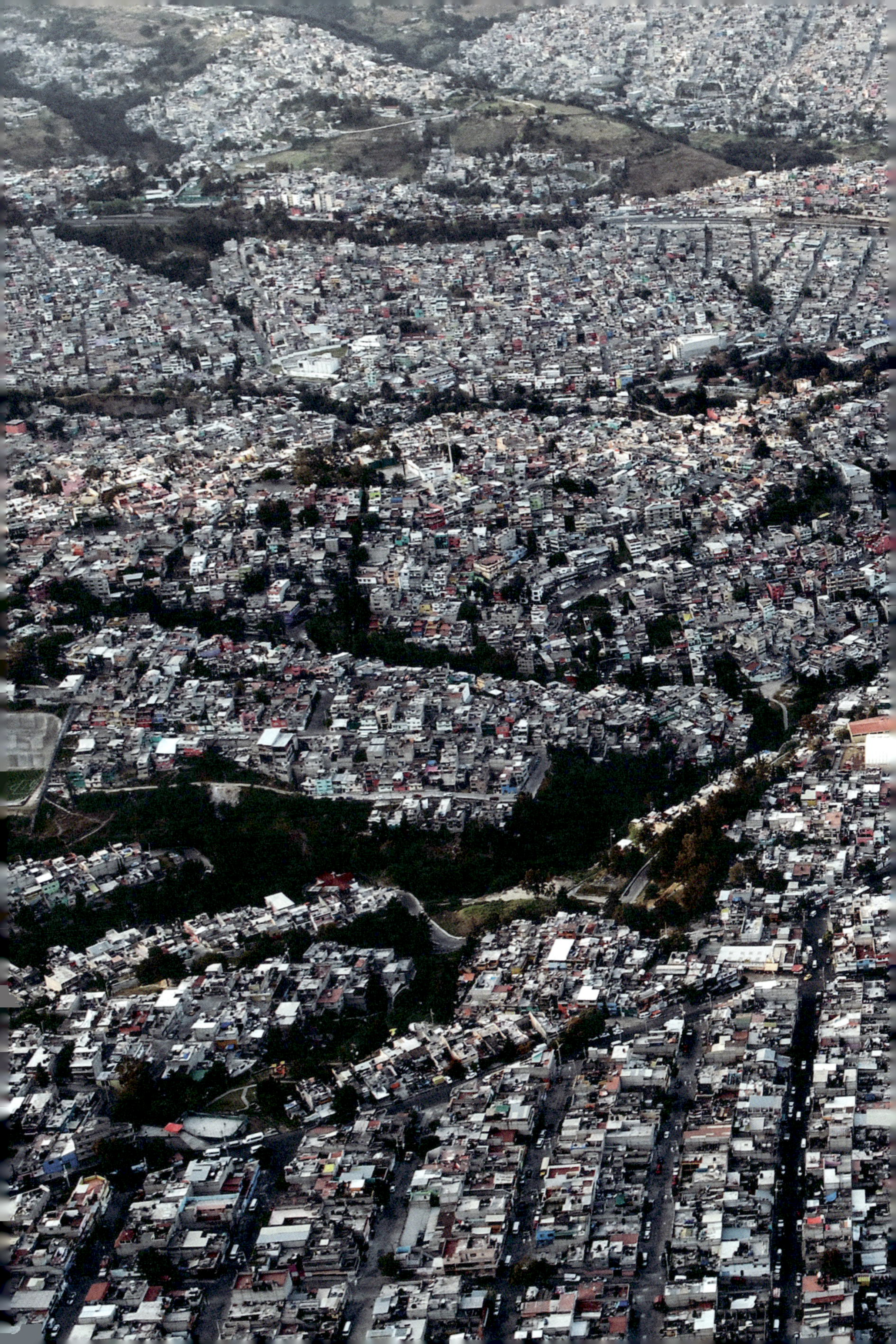

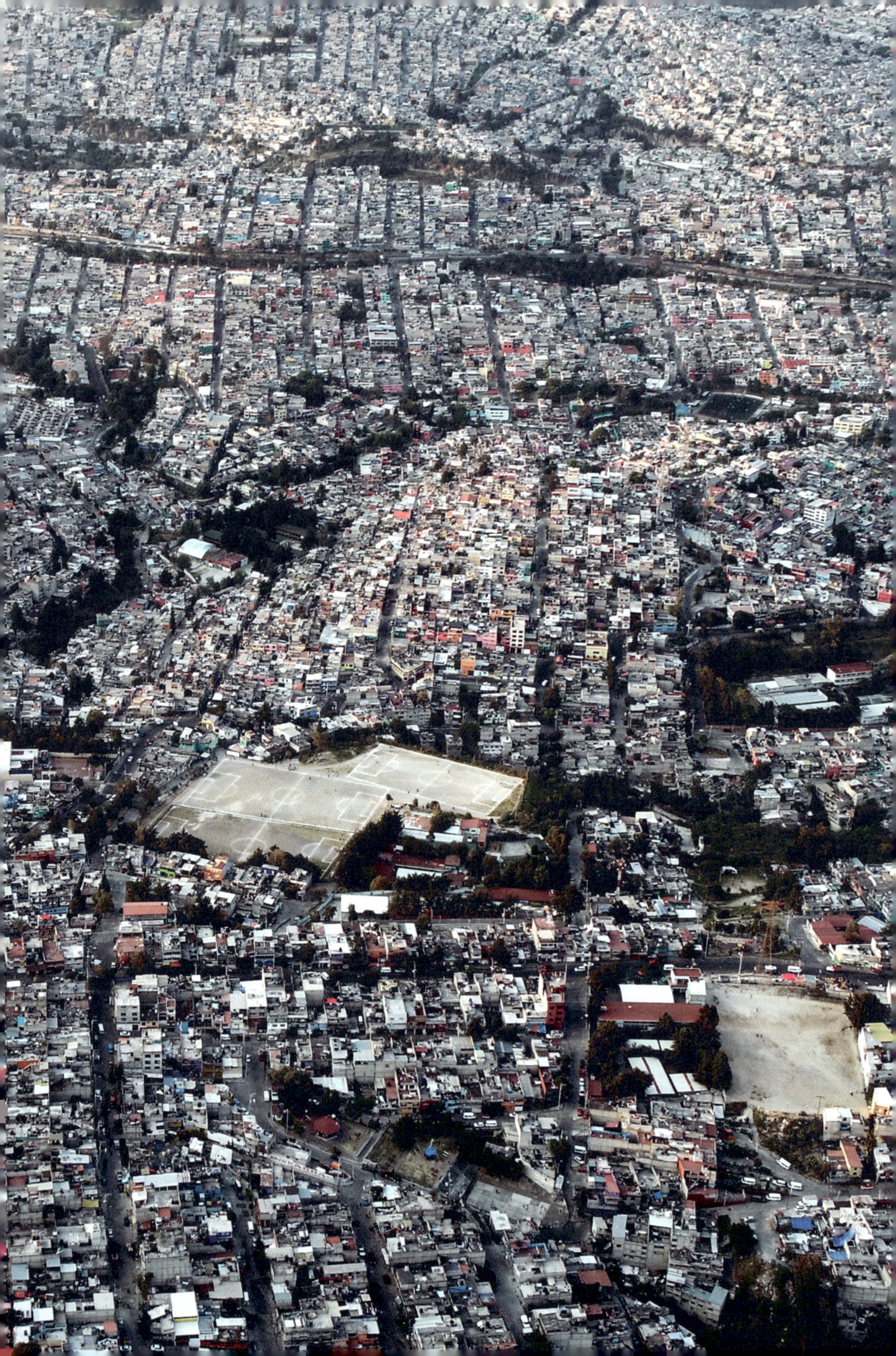

FOREWORD

María Cristina García Cepeda
Minister for Culture

For more than a decade, Mexico has been an active participant in the International Architecture Exhibition of the Venice Biennale, an international appointment for creators who look at architecture as defined by Luis Barragán: "the function of architecture must be solving material problems, without forgetting man's spiritual needs."

For this year's International Architecture Exhibition of the Venice Biennale, its president Paolo Baratta and the artistic directors Shelly McNamara and Yvonne Farrell proposed exploring *Freespace* as a starting point for transforming and intervening in the city's architecture, historical buildings and housing projects, natural spaces, as well as the infrastructure of large cities. To free space is to provide it with liberty and beauty. It is the task of the new generations of architects to translate built spaces into renovated sites that offer modern communities a better quality of life.

Echoes of a Land is the proposal presented by the Mexican Pavilion. It will include contributions from 21 participants, architects and designers, in dialogue with a variety of artistic disciplines, materials, currents of thought and styles. The curatorship of the project, by Gabriela Etchegaray, integrates the shared vision of both emerging and established Mexican architects.

The Ministry of Culture, through the National Institute of Fine Arts, reaffirms its commitment to the Mexico's cultural dialogue with the world and to present the expressions of our artistic creators in international forums.

The amplitude and freedom of spaces are the great challenge of contemporary architecture. Mexico is recognized worldwide for its cultural and artistic wealth, and its architecture is no exception. Like many global capitals, we are experiencing the accelerated

PRESENTACIÓN

María Cristina García Cepeda
Secretaria de Cultura

Desde hace más de una década, México participa de manera activa en la Muestra Internacional de Arquitectura de la Bienal de Venecia, cita internacional de los creadores que miran la arquitectura como la definía Luis Barragán: "la función de la arquitectura debe resolver el problema material sin olvidarse de las necesidades espirituales del hombre".

Para esta edición de la Muestra Internacional de Arquitectura de la Bienal de Venecia, su presidente Paolo Baratta y las directoras artísticas Shelly McNamara e Yvonne Farrell propusieron explorar el espacio libre —*freespace*— como punto de partida para transformar e intervenir la arquitectura citadina, los edificios históricos y los proyectos habitacionales, los espacios naturales, así como la infraestructura de las grandes ciudades. Liberar el espacio es brindarle libertad y belleza. Es tarea de las nuevas generaciones de arquitectos traducir los espacios ya construidos a sitios renovados que brinden a las comunidades modernas una vida de mejor calidad.

Echoes of a Land es la propuesta que presenta el Pabellón de México. Contará con la colaboración de 21 participantes, arquitectos y diseñadores, en diálogo con una variedad de disciplinas artísticas, materiales, corrientes de pensamiento y estilos. La curaduría del proyecto, a cargo de Gabriela Etchegaray, integra la visión compartida de arquitectos mexicanos emergentes y experimentados. La Secretaría de Cultura, por medio del Instituto Nacional de Bellas Artes, reafirma su compromiso de ampliar el diálogo cultural de México con el mundo y presentar las expresiones de nuestros creadores artísticos en foros internacionales.

La amplitud y libertad de los espacios son el gran desafío de la arquitectura contemporánea. México es reconocido en el mundo por su riqueza cultural y artística, su arquitectura no es la

growth of cities, which has led to the challenge of growing in a balanced way in order to provide the individual with a better quality of life.

Mario Pani, a great master of organic architecture and urbanism in Mexico, once said: "Organic architecture is based on the harmonious relationship with the landscape, that is, with the geography of the region where it is made, and for this reason it is regionalist."

The harmony of spaces offers that open freedom that makes architecture universal.

excepción. Como muchas capitales del mundo, vivimos el crecimiento acelerado de las ciudades, lo que ha propiciado el reto de crecer de manera equilibrada para dotar al individuo de una mejor calidad de vida.

Mario Pani, maestro de la arquitectura orgánica y del urbanismo en nuestro país, expresó: "la arquitectura orgánica tiene como base la relación armónica con el paisaje, es decir, con la geografía de la región donde se hace y por este motivo es regionalista". La armonía de los espacios brinda esa libertad abierta que torna universal la arquitectura.

INTRODUCTION

Lidia Camacho Camacho
Director of the National Institute of Fine Arts

In search of a spatial and territorial experience, the Mexican Pavilion at the International Architecture Exhibition of the Venice Biennale has combined experiences with the virtues and lessons learned in the country's recent participations. With a 37-year history and 16 editions to its name, the Venice Biennale is the longest-running and most important international architecture event. Over the past six years, Mexico's participation has opened a window to communicate, share and promote the country's architecture.

For the 2012 exhibition, 13 projects were assembled around the concept of culture under construction to showcase the collectivity of Mexico's cultural spaces, based on David Chipperfield's overarching theme of *Common Ground*. The Mexican Pavilion placed a scaffolding on the façade of the San Lorenzo church and containing works under construction: restorations of Mexico's architectural heritage turned into cultural centers, libraries, museums, galleries, film libraries, plazas, parks and other spaces for culture. The proposal incorporated interviews with architects and an acoustic experience, along with a mobile laboratory of building processes.

Two years later, following an open competition, modernity was given a new set of meanings with eight thematic panels and a bright elliptical screen used to project images with voices, a stage for showing interviews and historical events related to Mexican architecture in a pavilion called *Condemned to Be Modern*, in alignment with the central theme chosen by Rem Koolhaas for the Biennale: *Fundamentals / Absorbing Modernity*.

Mexico's participation in 2016 tackled Alejandro Aravena's socially provocative theme of *Reporting from the Front*, revealing architecture assembled out of fragments, histories, construction tactics and strategies, emphasizing on experiences that can

INTRODUCCIÓN

Lidia Camacho Camacho
Directora General Instituto Nacional de Bellas Artes (INBA)

En busca de una experiencia espacial y territorial, el Pabellón de México en la Muestra Internacional de Arquitectura de la Bienal de Venecia ha sumado experiencias con virtudes y lecciones aprendidas en una joven participación. Con 37 años y 16 ediciones, la Bienal de Venecia es la más longeva y relevante para la arquitectura mundial. En seis años, la participación nacional ha abierto una ventana para difundir, compartir y promover la arquitectura mexicana.

En 2012, se reunieron 13 proyectos sobre *Cultura en construcción* a partir del tema *Common Ground*, propuesto por David Chipperfield, para exhibir la colectividad de los espacios culturales del país. El Pabellón aprovechó la fachada de la Iglesia de San Lorenzo para colocar andamios de obras en obra: rehabilitaciones del patrimonio arquitectónico mexicano convertidos en centros culturales, bibliotecas, museos, galerías, cinetecas, plazas, parques y otros espacios para la cultura. La propuesta integró entrevistas con los arquitectos y una experiencia acústica, como un laboratorio móvil de procesos constructivos.

Dos años después, producto de un concurso público, se resignificó la modernidad con ocho paneles temáticos y una elipse luminosa, a manera de sala de proyección con voces, escenarios en los que se presentaron entrevistas y eventos históricos relacionados con la arquitectura mexicana mostrada en un pabellón titulado *Condenados a ser modernos*, en concordancia con *Fundamentals | Absorbing Modernity* de Rem Koolhaas, como parte del tema central de la Bienal.

La participación de México en 2016 adoptó la provocación social elaborada por Alejandro Aravena con *Reportando desde el frente*, para dar a conocer arquitecturas ensambladas en fragmentos, historias, tácticas y estrategias de construcción, enfatizando las experiencias que se pueden traducir, adaptar y multiplicar.

be translated, adapted and multiplied. A technical committee was set up and an open invitation announced, and this included design aspects going beyond the finished work of architecture. This proposal brought together 31 examples of participative architecture from Mexico, based on self-build manuals and community initiatives, to produce Mexico's pavilion called *Unfoldings and Assemblages*.

For this edition of the Venice Biennale, INBA's artistic heritage conservation and architecture department has coordinated a technical committee consisting of a working team. Since the start of the process, the curator Gabriela Etchegaray was involved for Mexico's fourth official participation at the event, the result of an open call for entries and includes a diverse shortlist of 21 carefully curated works examines Mexican territory in connection to the country's collective imaginary and spatial experience.

The curator's research and the exhibition design make connections between materiality, tectonics, light, shadows and voids in the Mexican Pavilion at the Arsenale. The works on display celebrate Mexican architecture's spatial generosity and quality, regardless of scale or whether projects are public or private, exclusive or restricted. At *Echoes of a Land* we are encouraging encounters with the Other, removing barriers between the fine arts, abstracting the unexpected from architecture and praising the richness of Mexico's geography, culture and society.

Se conformó un comité técnico y se publicó una convocatoria abierta, que incluyó los aspectos característicos del diseño más allá de la arquitectura terminada. La propuesta integró 31 trabajos de arquitectura participativa en México a través de manuales de autoconstrucción y gestión comunitaria, con lo que se conformó el pabellón de México titulado *Despliegues y Ensambles*.

Para esta edición de la Bienal de Venecia, se consolidó un comité técnico integrado por un equipo de trabajo coordinado por la Dirección de Arquitectura y Conservación del Patrimonio Artístico Inmueble del Instituto Nacional de Bellas Artes, donde desde el inicio de los procesos se integró a la curadora Gabriela Etchegaray para esta cuarta participación oficial de México, que también es producto de una convocatoria abierta e incluye una selección heterogénea de 21 obras con una precisa curaduría avizora una aproximación territorial en relación con la experiencia espacial y el imaginario colectivo mexicano.

Tanto la investigación curatorial como el ensamble museográfico vinculan la materialidad, la tectónica, la luz, la sombra y el vacío del Pabellón de México en El Arsenal de Venecia. La muestra exhibe trabajos que celebran la calidad y generosidad espacial en la arquitectura mexicana, sin importar su escala ni condición, pública, privada, exclusiva o restringida. En *Echoes of a Land* promovemos el encuentro con el otro, estrechamos las fronteras entre bellas artes, abstraemos lo inesperado de la arquitectura y enaltecemos la riqueza física, cultural y social de nuestro México.

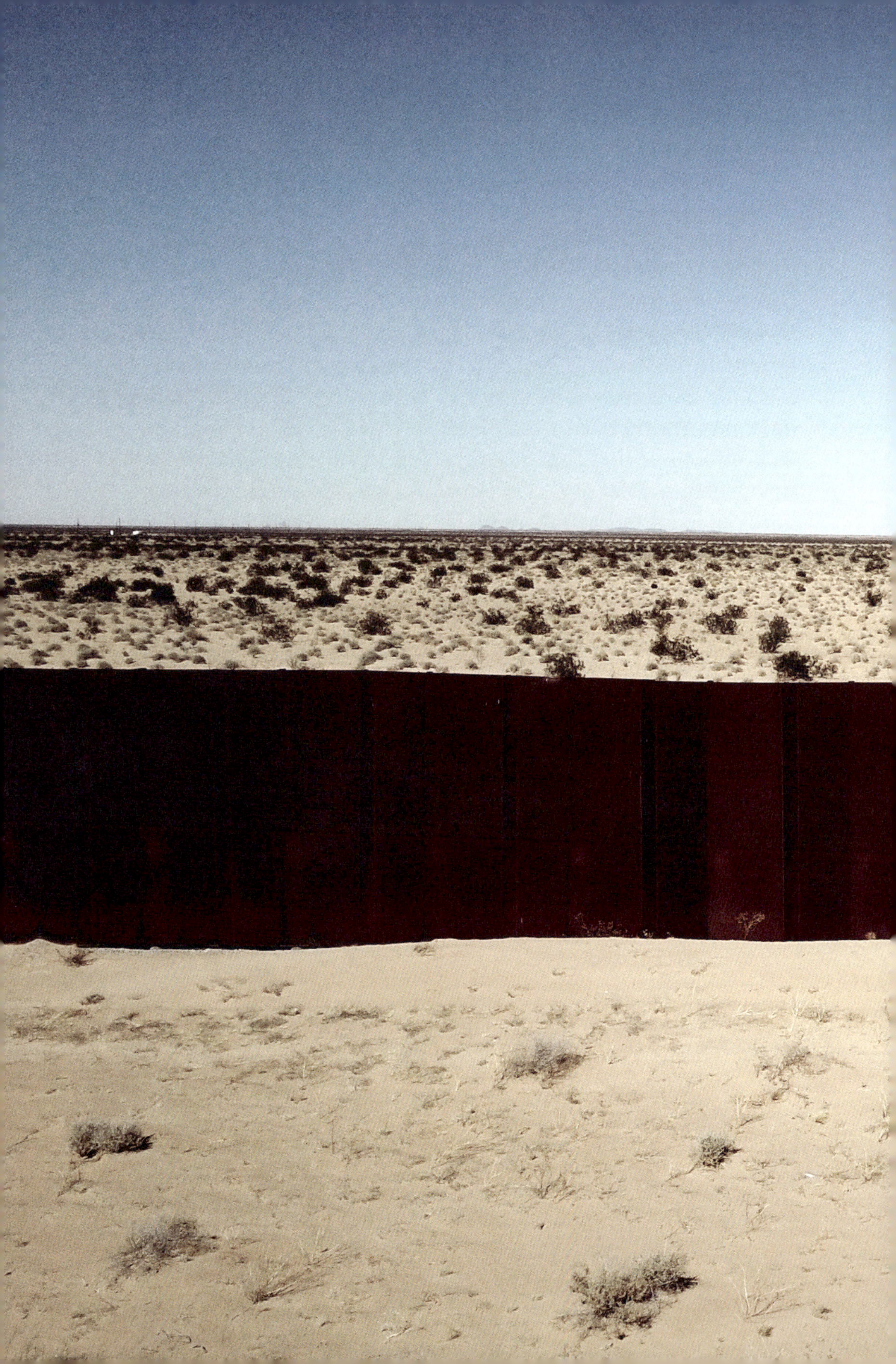

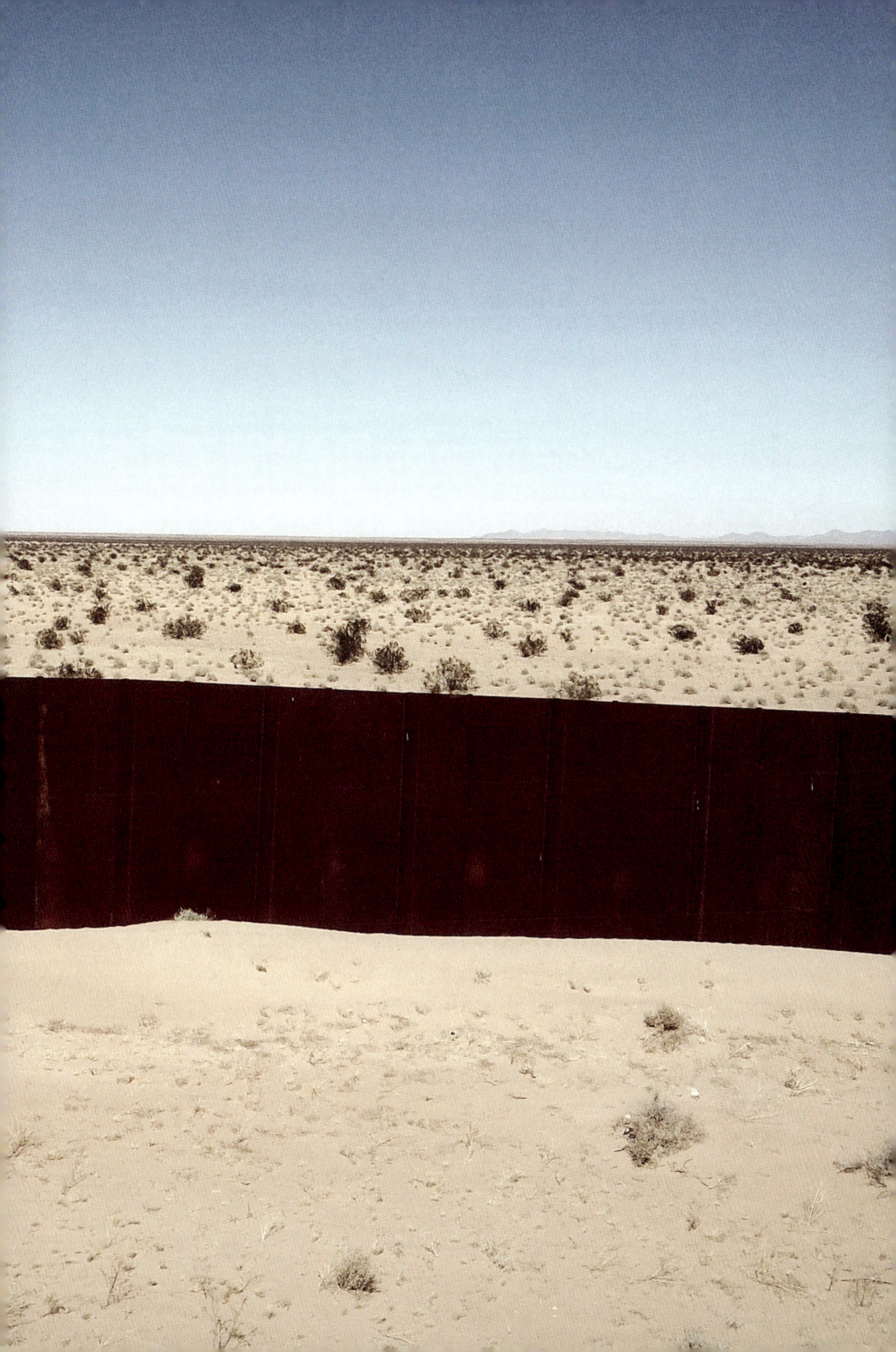

CURATORIAL PROPOSAL

Gabriela Etchegaray

The monotony of all Venetian rhythms denies the shakes and jolts needed to experience a feeling of total reality, bringing us closer to a dream in which we are surrounded by the appearance of things but not the things themselves.[1]

The difficulty in exhibiting architecture as we generally understand or experience it, lies in how to invite visitors to approach this dream of interpretations, while the curatorial proposal is a test where the exhibition space and issues of representation are confronted in order to stimulate dialogues about what can and must be offered by architecture.

Each edition of the Venice Biennale presents this curatorial challenge: *How to 'create a popular exhibition for a public of non-specialists'.*[2] However, when it comes to the curatorial proposal for national pavilions, the positions tend to respond to that general statement appointed by the Artistic Director, within the context of each country. For this edition, the Mexican Pavilion responds to the concept of *Freespace*, the theme chosen by Yvonne Farrell and Shelley McNamara, prompting us to observe Mexico as a *generous space*. We draw attention to contemporary Mexican architecture's physical and imaginary space as an aesthetic transfer of the landscape that defines us. We show a land of contrasts and permanent vulnerabilities, in which we

1 Georg Simmel, *Venice*, Rome: Divisare, 2017, p. 10.
2 William Menking, *Architecture on Display: On the History of the Venice Biennale of Architecture*, London: Architectural Association, 2010, p. 203.

PROPUESTA CURATORIAL

Gabriela Etchegaray

La monotonía de todos los ritmos venecianos niega los temblores y las sacudidas necesarias para experimentar un sentimiento de realidad total, que nos acerca a un sueño en el que estamos rodeados por la apariencia de las cosas pero no por las cosas mismas.[1]

La dificultad de exhibir arquitectura como por lo general la entendemos o vivimos, resulta en una invitación a los visitantes a acercarse a ese sueño de interpretaciones, mientras que la propuesta curatorial es un ensayo en el que se confrontan el espacio expositivo y las cuestiones de representación para propiciar diálogos sobre lo que la arquitectura puede y debe ofrecer.

En cada edición, la *Biennale di Venezia* plantea esta complejidad curatorial: cómo proceder a hacer "una exposición popular para un público no especializado en la arquitectura".[2] En el caso de los pabellones nacionales, la invitación es a interpretar el guión curatorial planteado por la Dirección Artística de la Bienal desde el contexto de cada país. En esta ocasión, el Pabellón de México responde al concepto *Freespace*, planteado por Yvonne Farrell y Shelley McNamara, ante el cual volteamos a observar el territorio mexicano como *espacio generoso*. Hacemos evidente el espacio físico e imaginario de la arquitectura mexicana contemporánea como una traslación estética

1 Georg Simmel, *Venice*, Roma: Divisare, 2017, p. 10.

2 William Menking, *Architecture on Display: On The History of the Venice Biennale of Architecture*, Londres: Architectural Association, 2010, p. 203.

recognize that in every part of life a resonance always exists between the origin and the present.

We know that nature informs our fate, defining the perception of the world to which we belong, taking control of our language, giving character and nuanced meaning to social, political, and economic structures and to every action ranging from the ordinary to the complex. As humans we create reality based on the context in which we live, and this defines our feelings, thoughts, spaces, emotions and images. Contemplating the surroundings that have given us life, also called *the void-the entirety*, has always been an attempt to read the mind of creation. Contemplation is an act of observation from each individual's perspective. Through architecture, surroundings make their connection to this source of possibilities that emerge from the ground to blend into our imagination, with that tangible and intangible dimension offered by art, the craft of architecture, and which spans everything from the creation of an idea to an adobe brick or a more monumental and transcendental building.

The exhibition offers a complex and fertile environment, that elevates the works of architecture taking shape in sublime settings. Using a set of murals, we show Mexico's territory as an atlas that informs—and is inspired by—what is related to architecture. This reveals the set of physical characteristics that gives life its diversity in Mexico. These murals welcome the public into *Echoes of a Land*, reflecting on the origin and the present, in order to go far beyond the form and function of architecture, to connect visitors to a geographical context, culture and identity.

del paisaje que nos define. Se muestra un territorio de contrastes y vulnerabilidades permanentes, en el cual reconocemos que siempre y en todos los aspectos de la vida hay una resonancia entre el origen y el presente.

Sabemos que la naturaleza orienta nuestro destino, define la percepción del mundo al que pertenecemos, se apropia de nuestras lenguas, da carácter y matiz a las estructuras sociales, políticas, económicas y a todos los actos que van desde lo ordinario hasta lo complejo. Los seres humanos recreamos la realidad a partir del contexto que habitamos. Somos consecuencia de él en sensaciones, pensamientos, espacios, sentimientos e imágenes. Contemplar el entorno que nos ha brindado la vida, también llamado *el vacío-el todo*, ha sido siempre un intento de leer la mente de la creación. Contemplar es un acto de observación desde la perspectiva que cada individuo posee. Por medio de la arquitectura, el entorno genera su vínculo con esa fuente de posibilidades que emerge de la tierra para amalgamarse con nuestra imaginación, con ese aspecto tangible e intangible que ofrece el arte, el oficio de la arquitectura y que va de la creación de una idea a un adobe o la construcción más monumental y trascendente.

La exhibición presenta un territorio complejo y fértil que se enaltece con las prácticas de la arquitectura que toman forma en escenarios sublimes. Con un conjunto de murales, se muestra el territorio mexicano como un atlas que informa e inspira en lo que concierne a la arquitectura. Se hace evidente el grupo de características físicas que nutre la diversidad de la vida en el territorio. Los murales adentran a los visitantes en los *Ecos de una tierra —Echoes of a Land—*, en la reflexión del origen y el presente, para ir mucho más allá de la forma y función arquitectónica y vincularlos a una geografía, una cultura y una identidad.

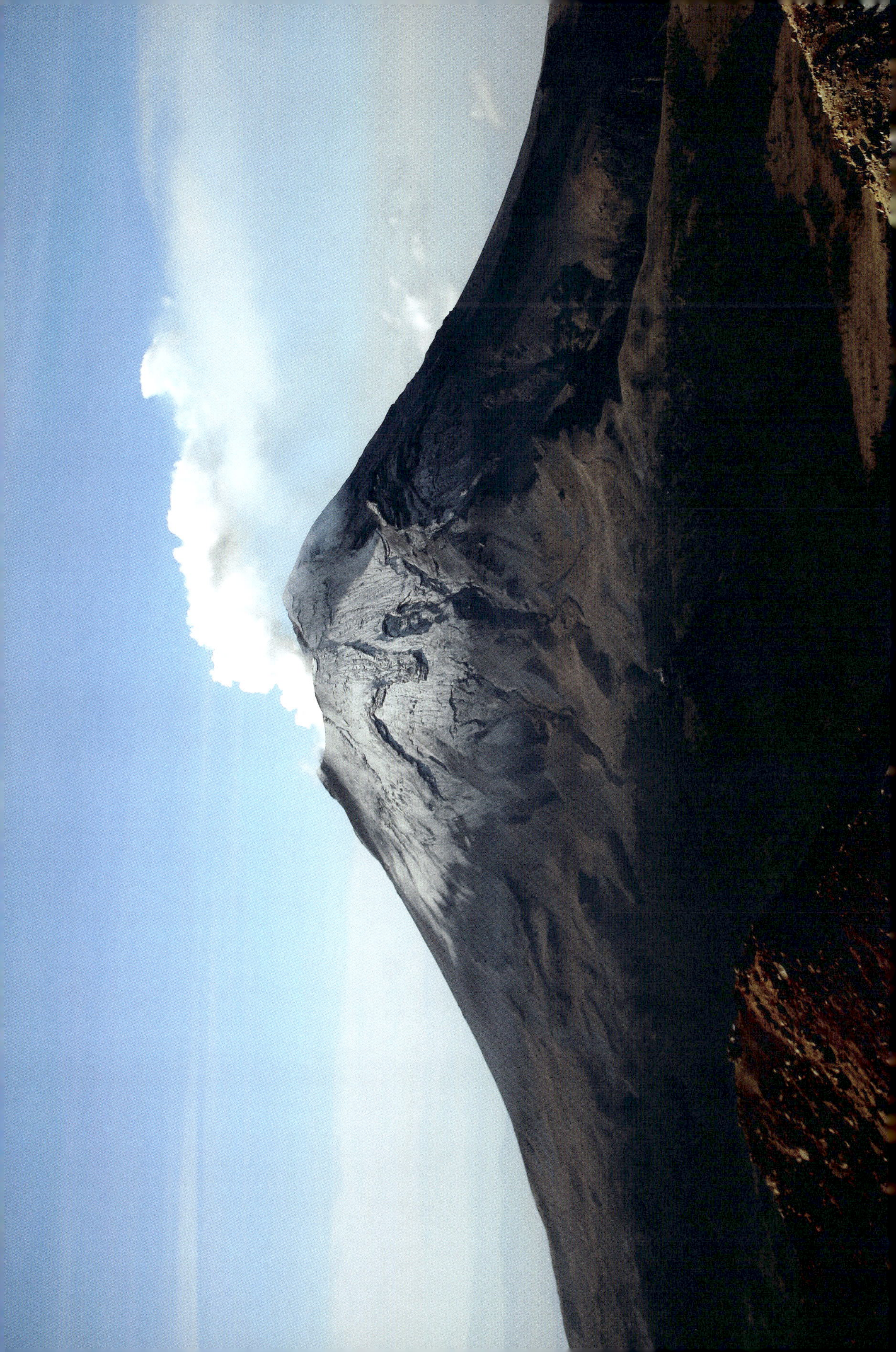

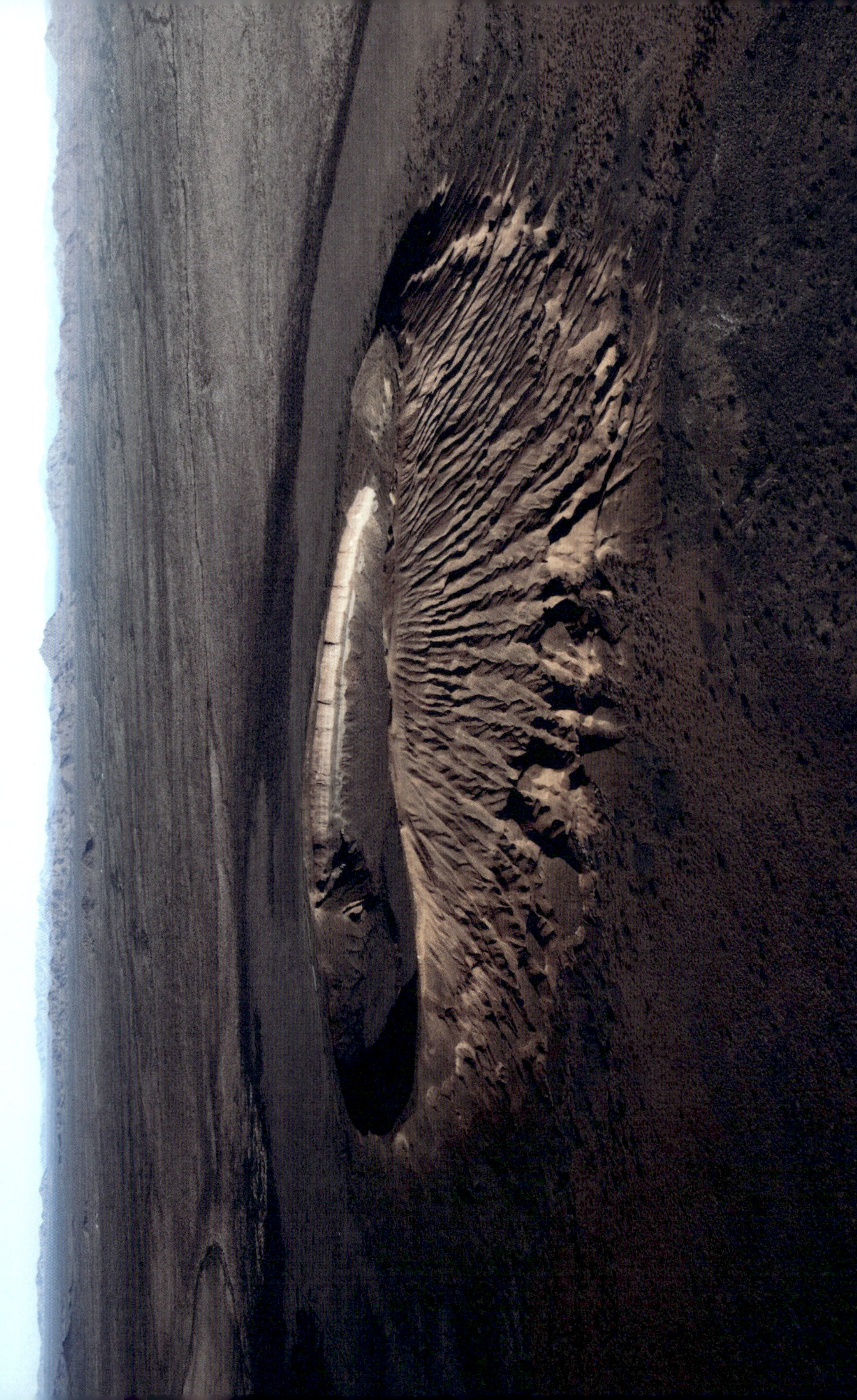

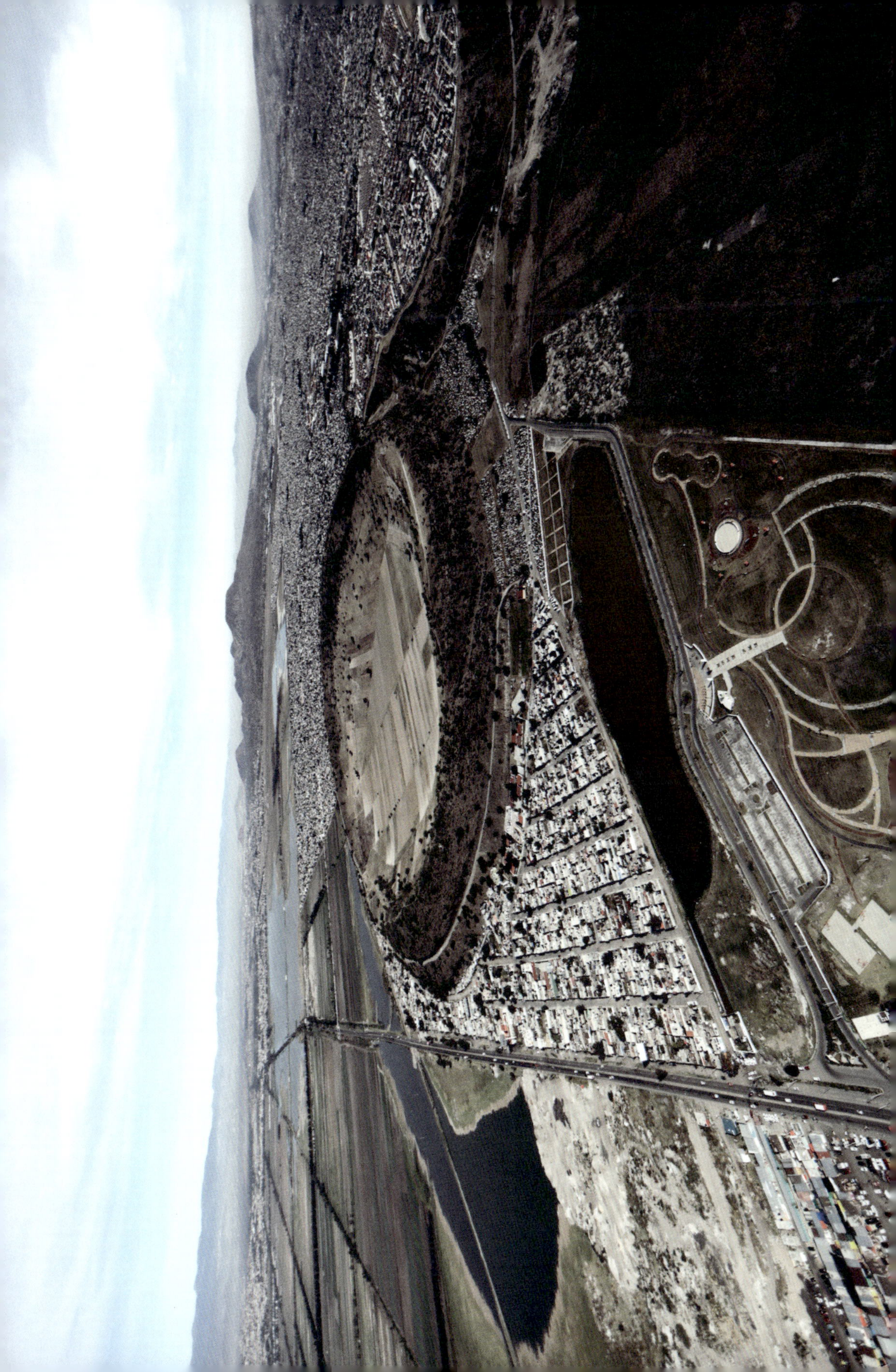

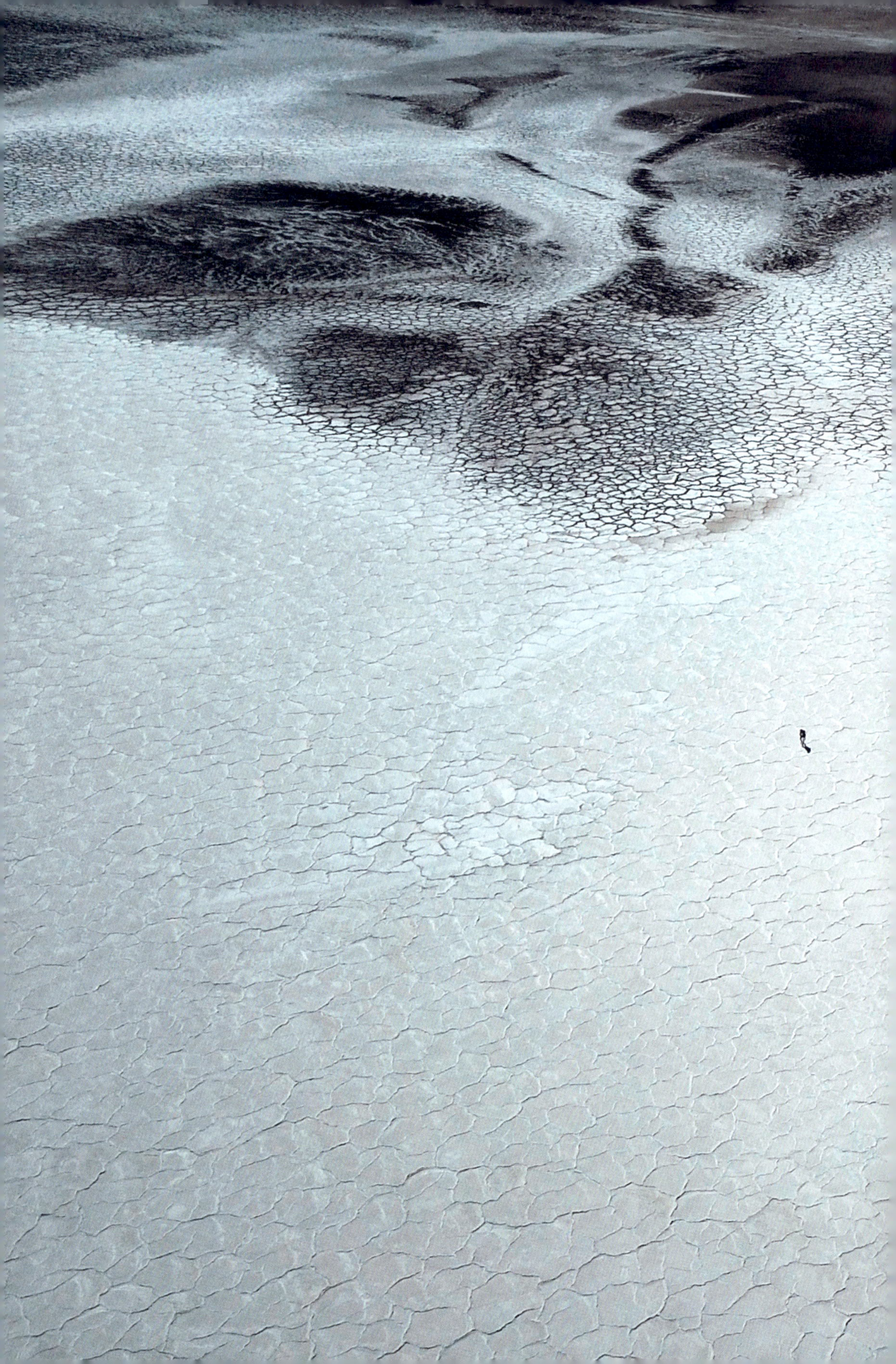

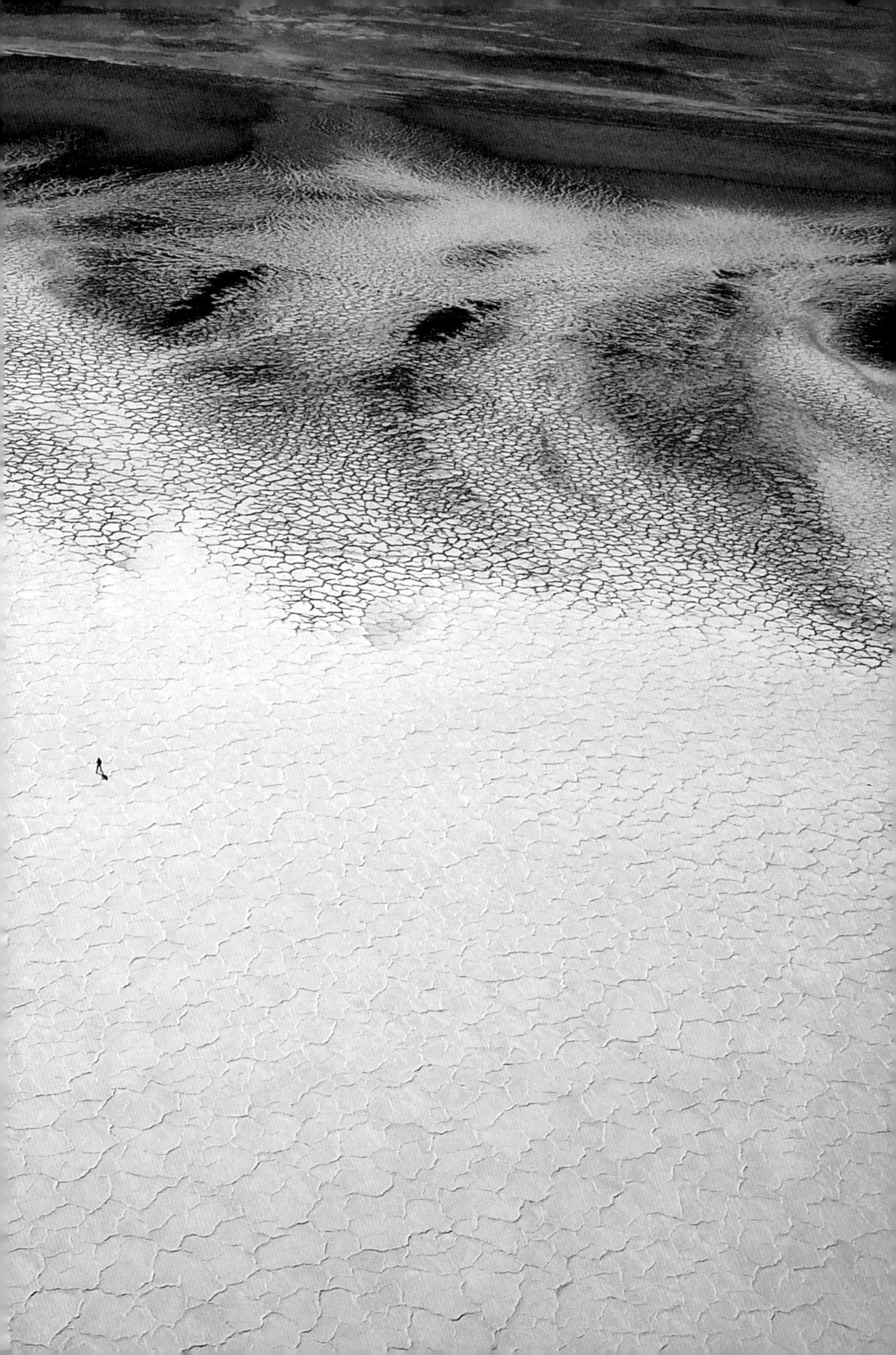

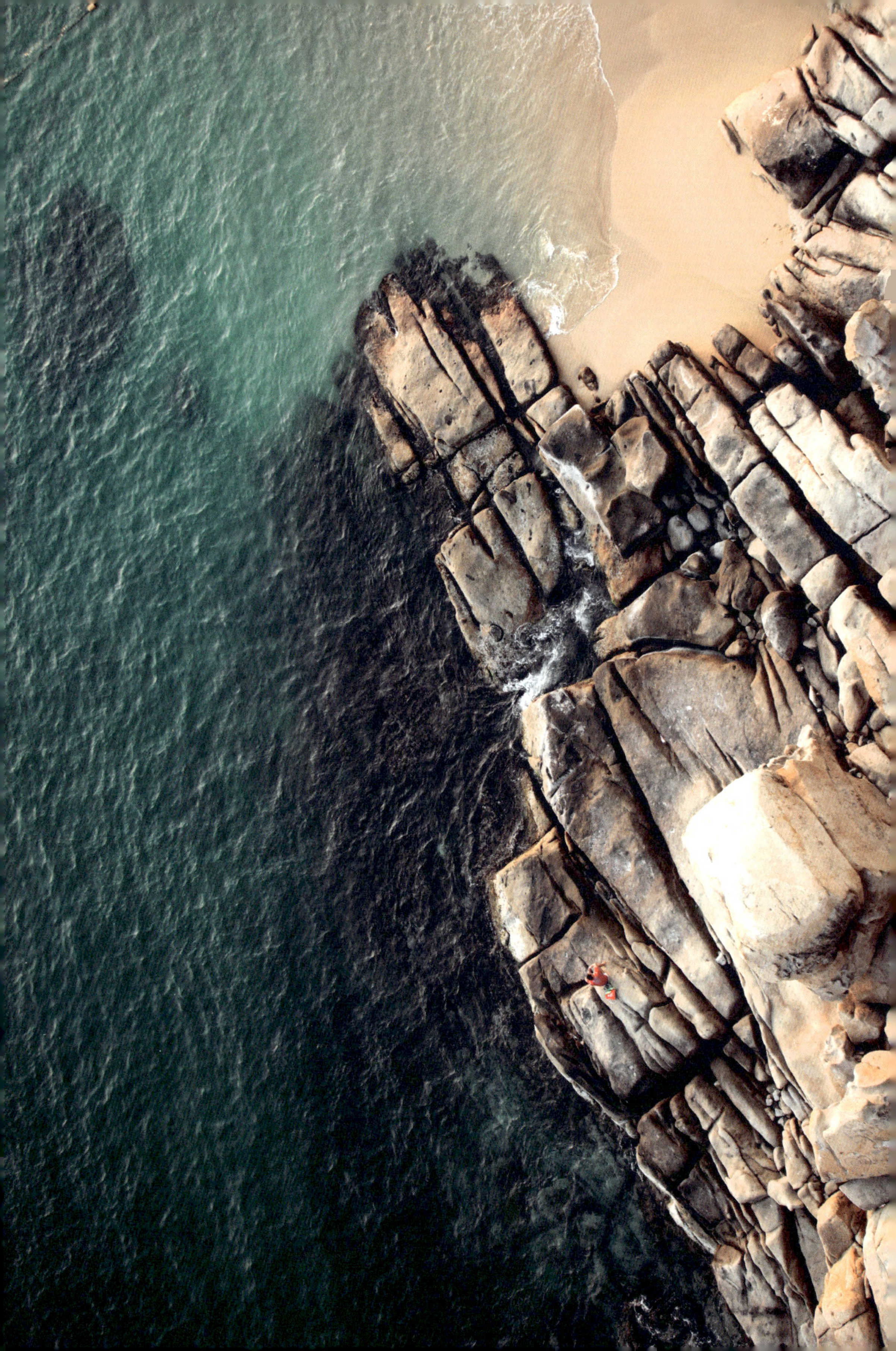

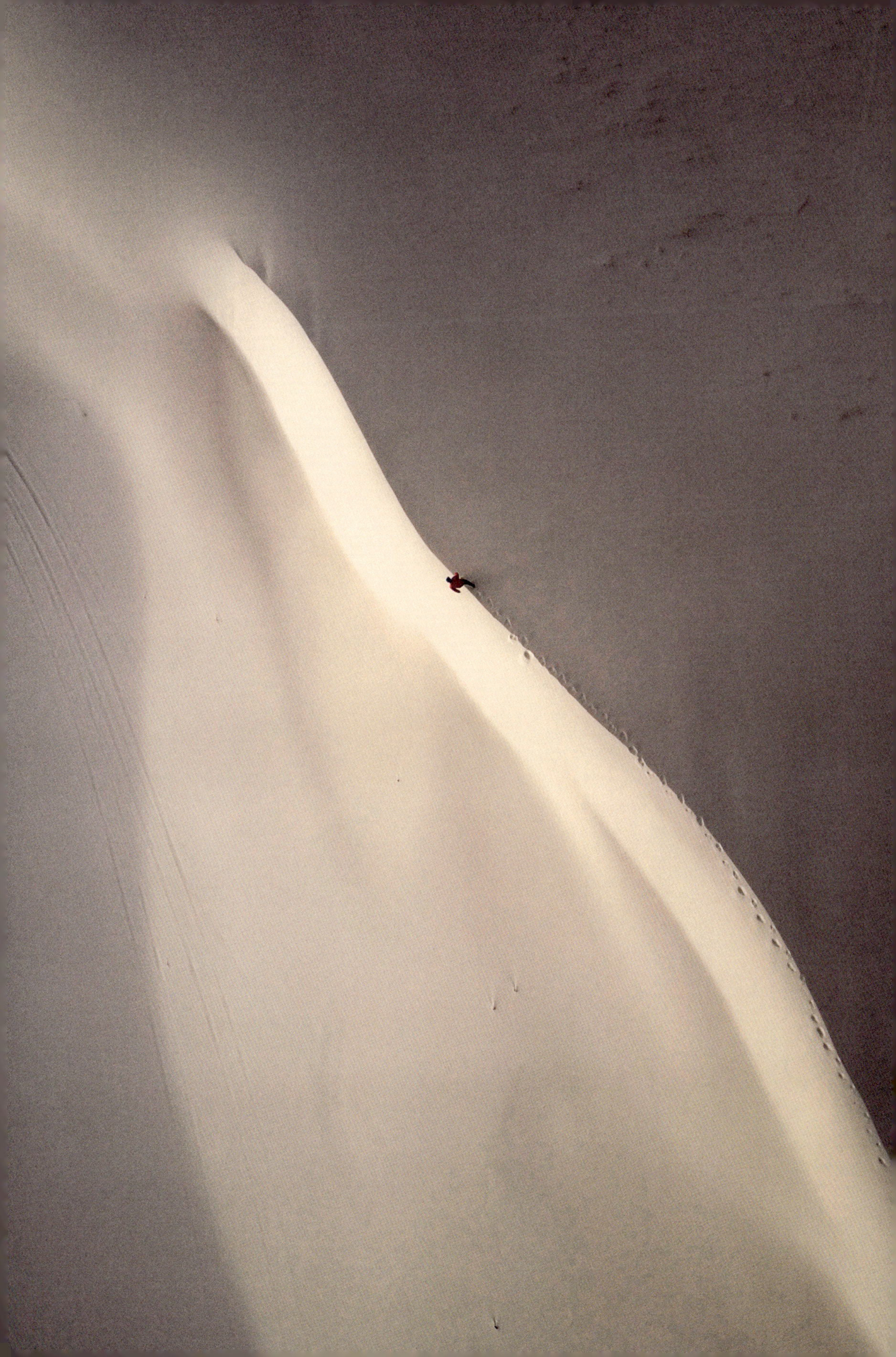

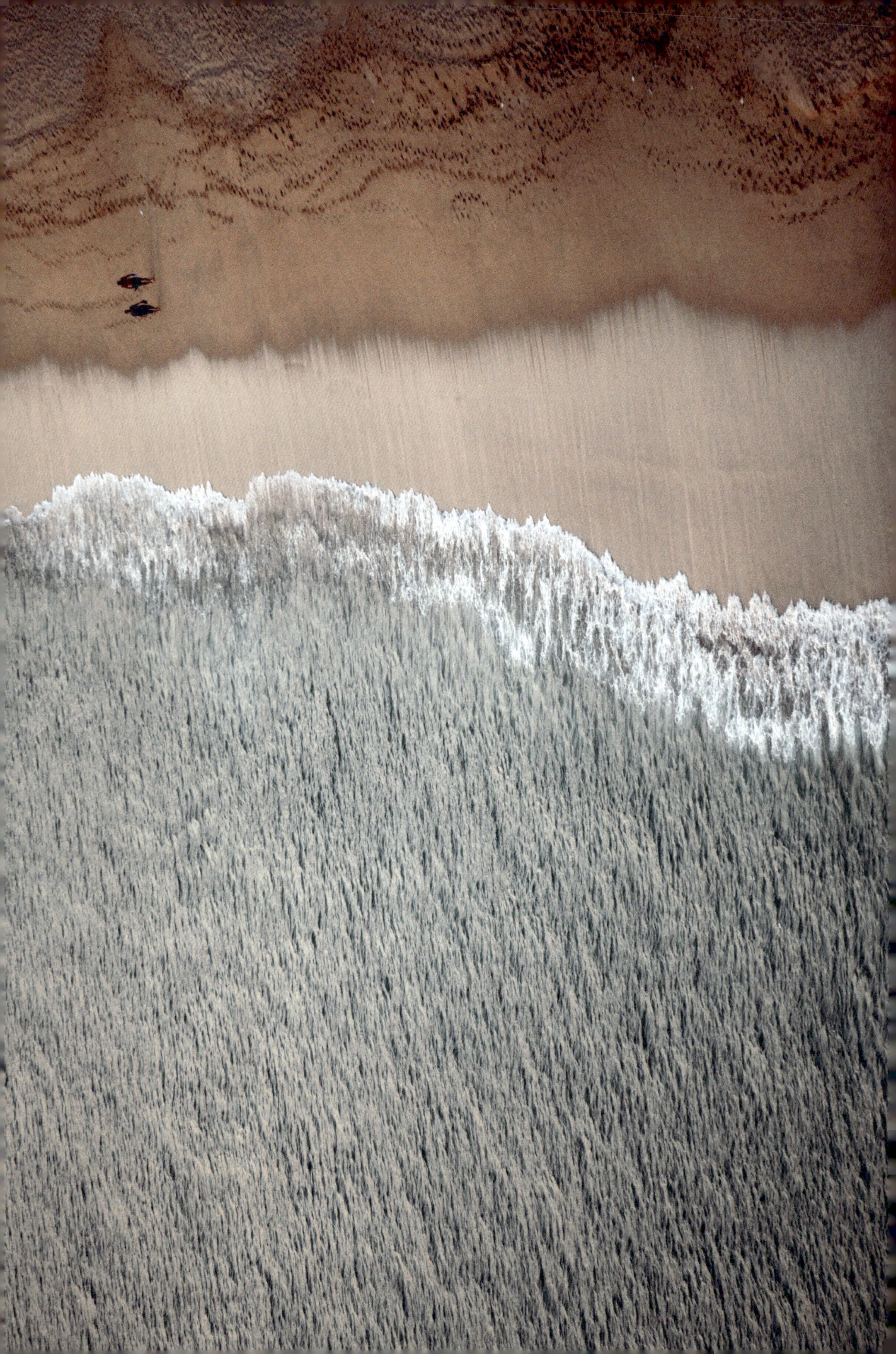

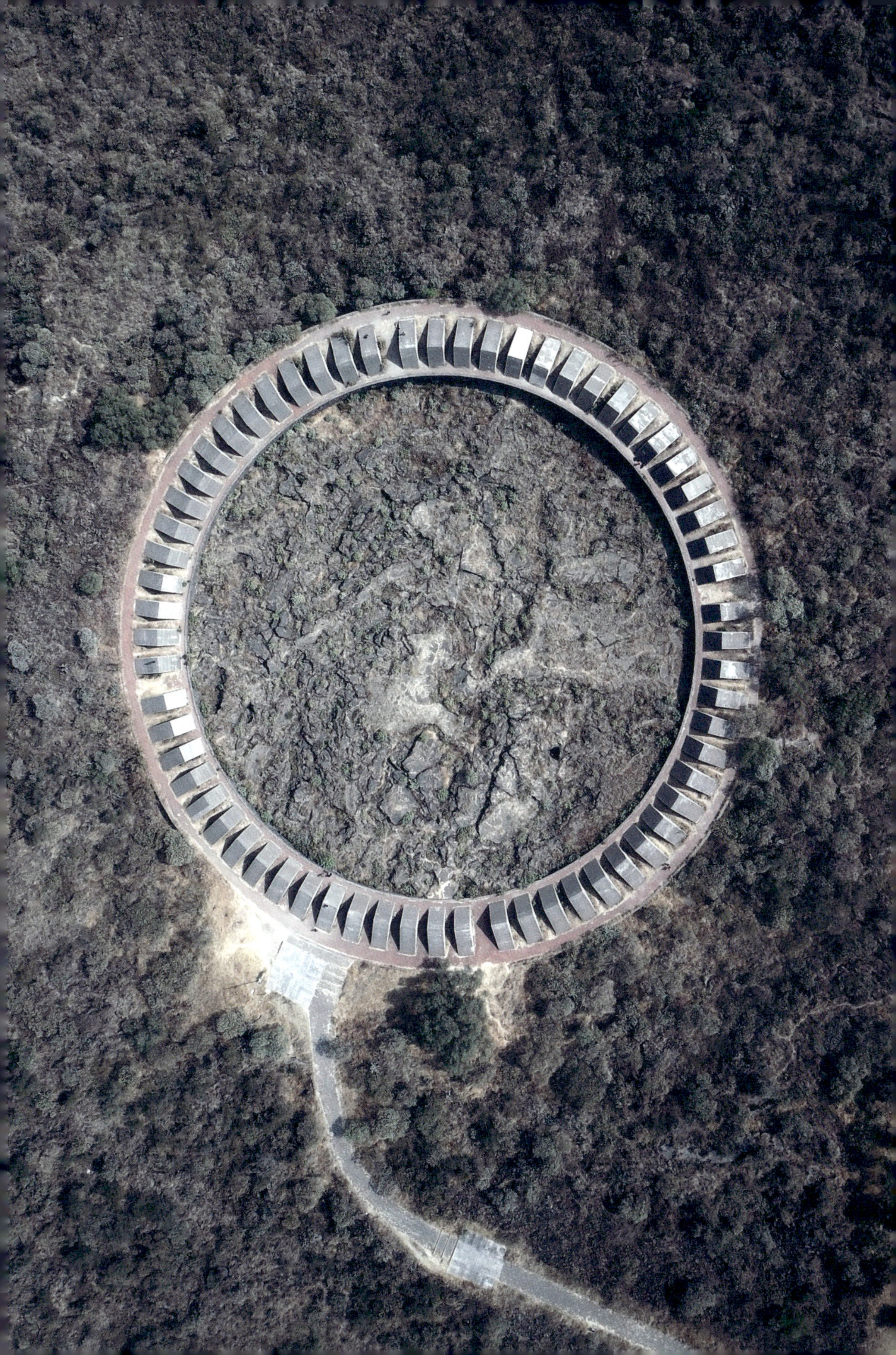

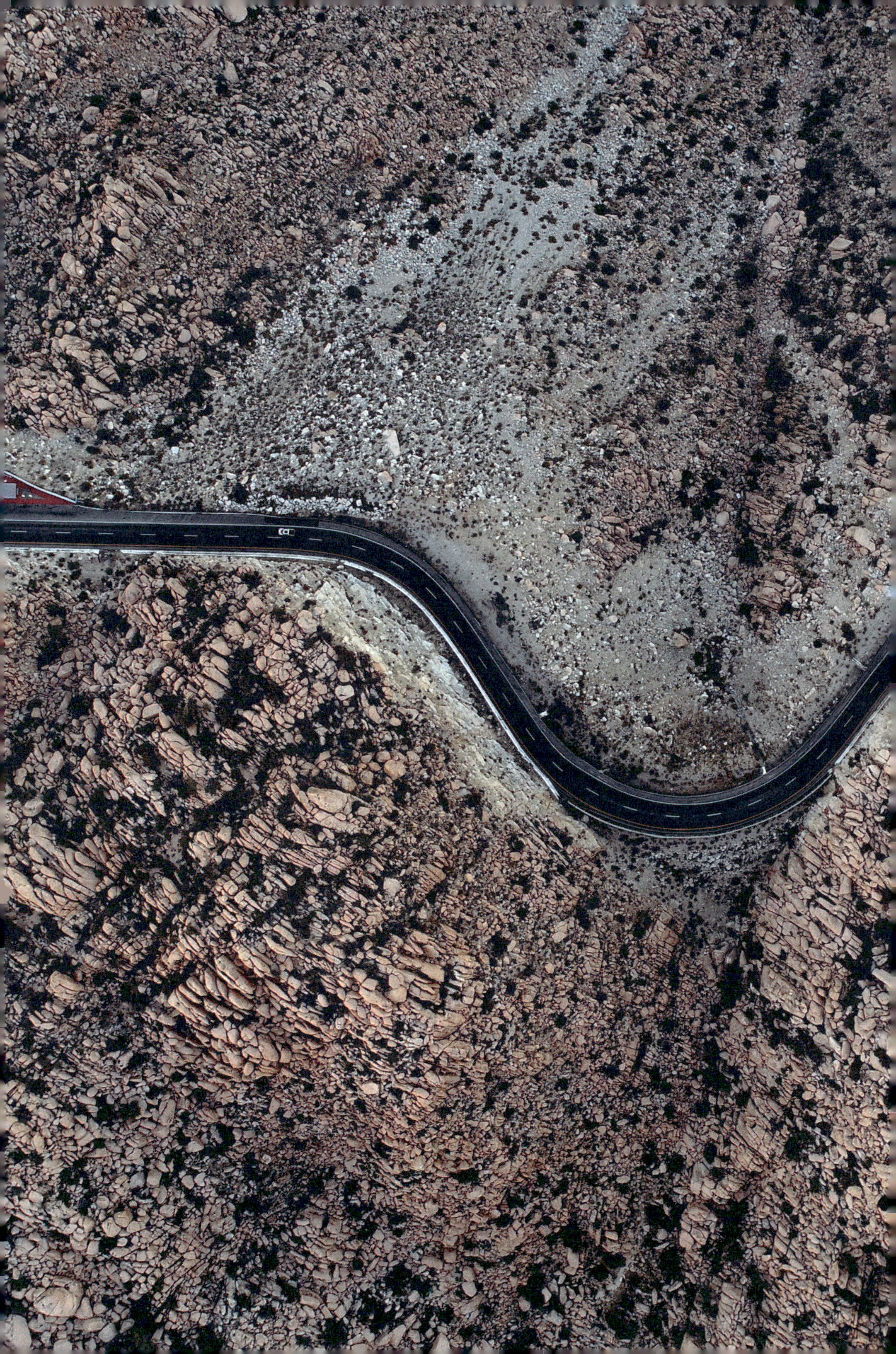

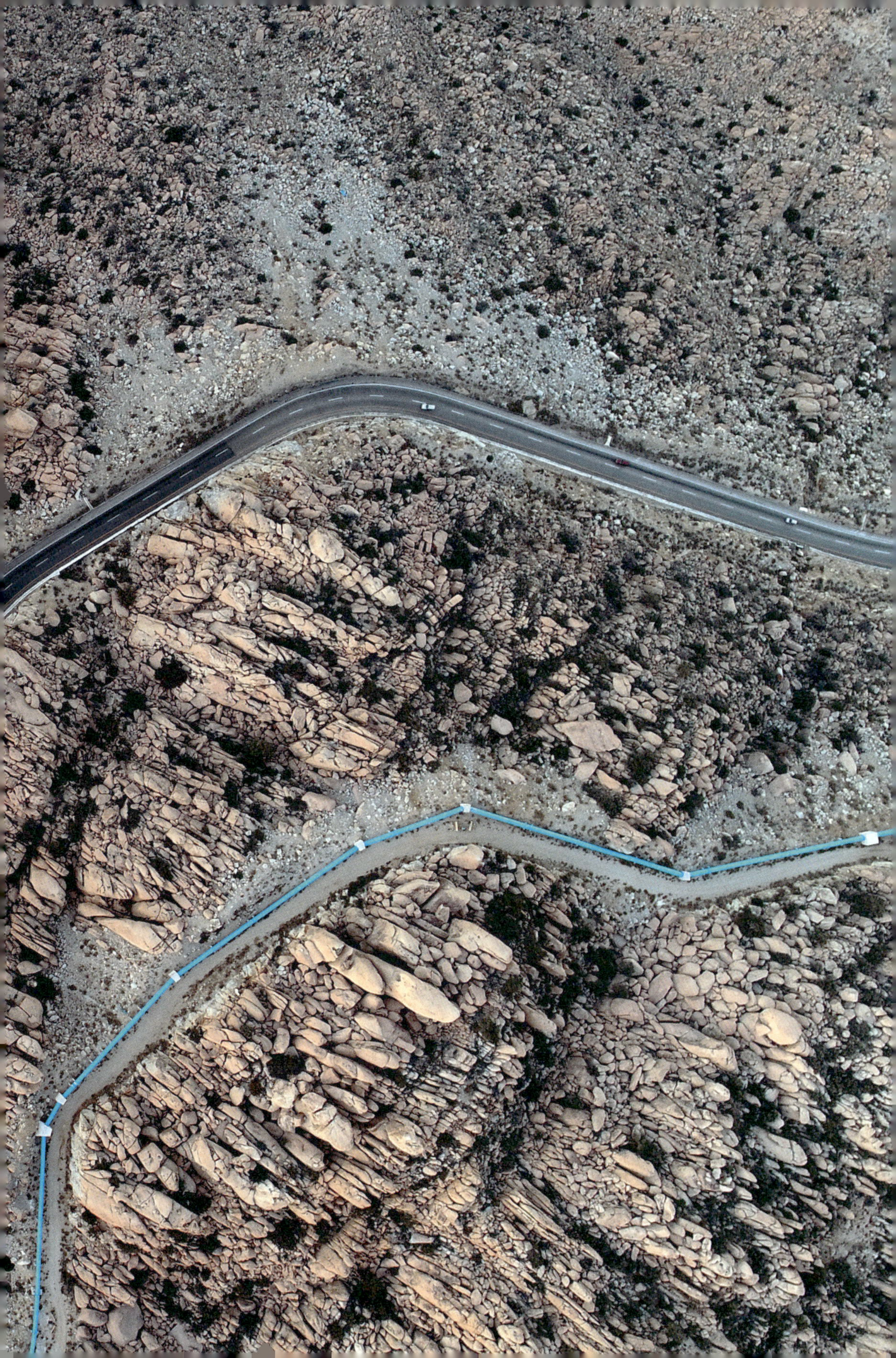

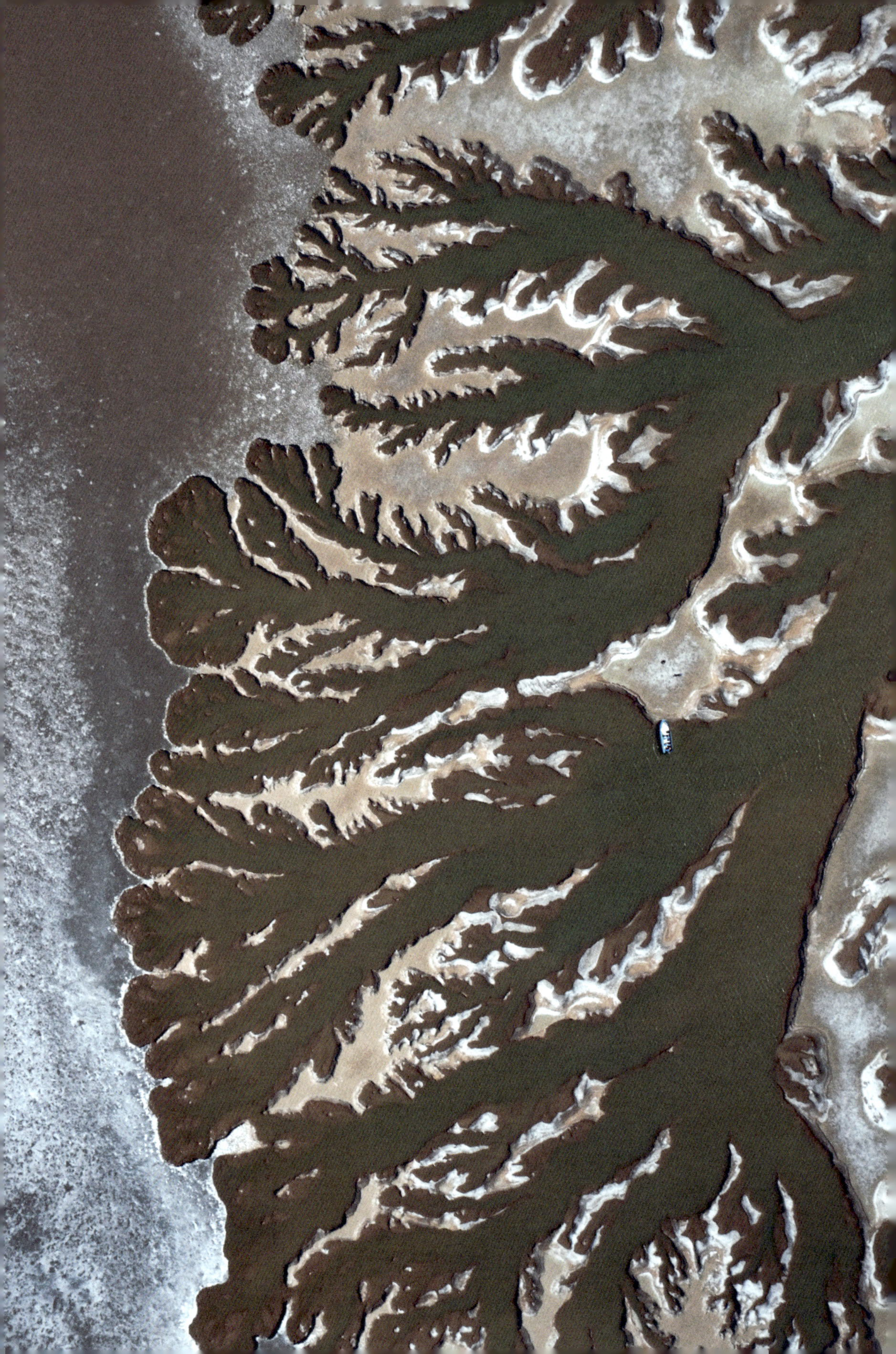

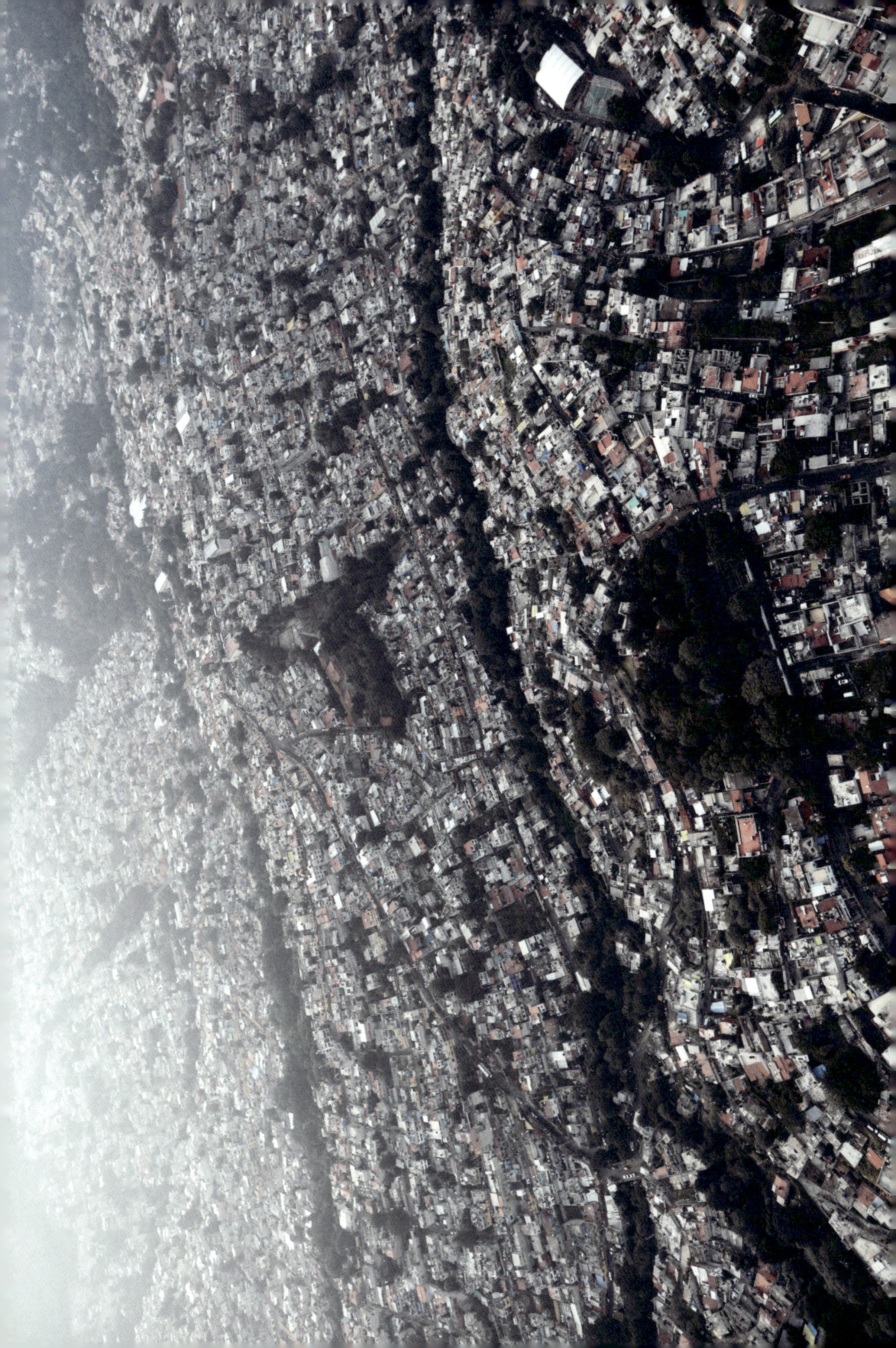

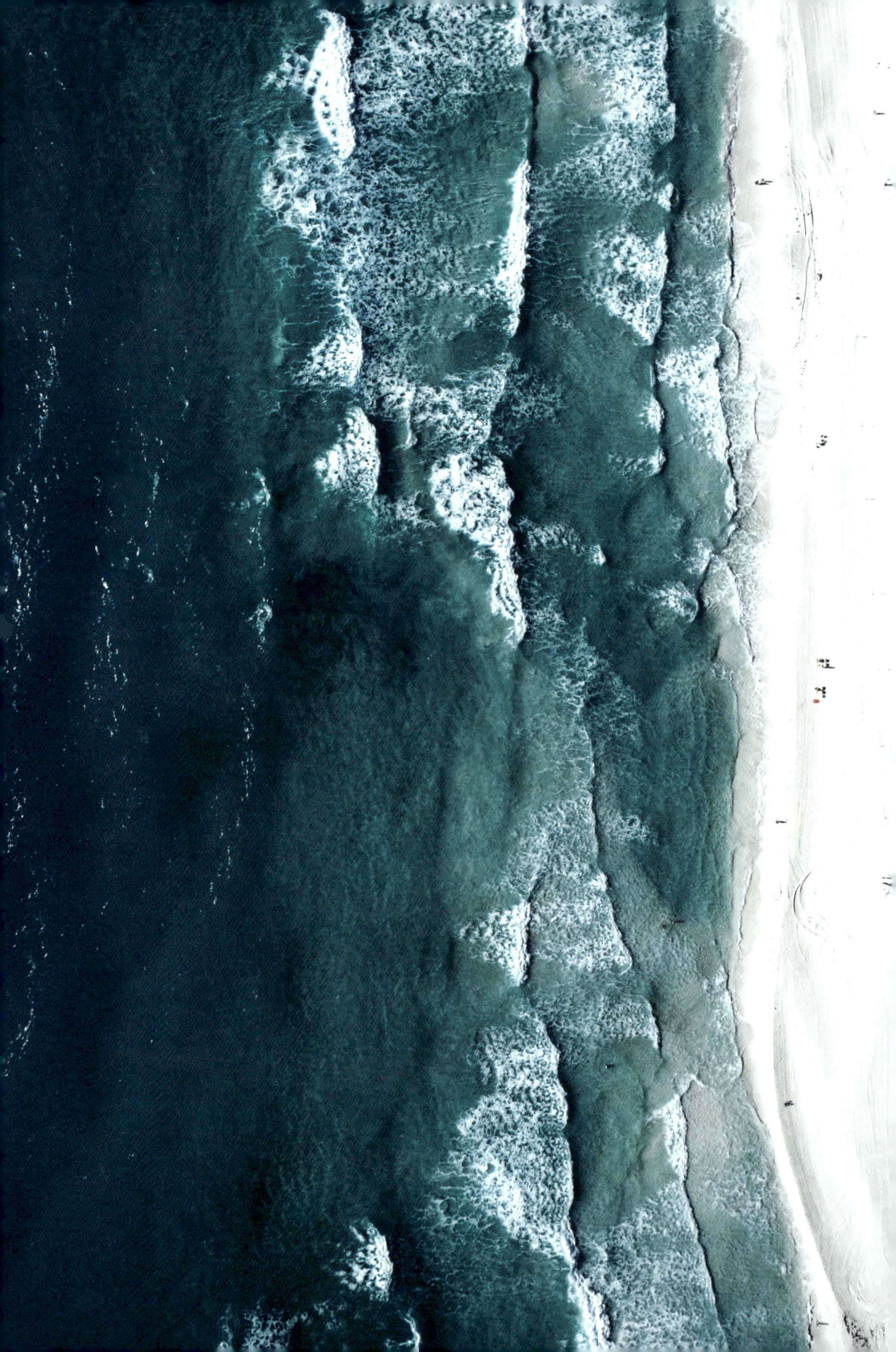

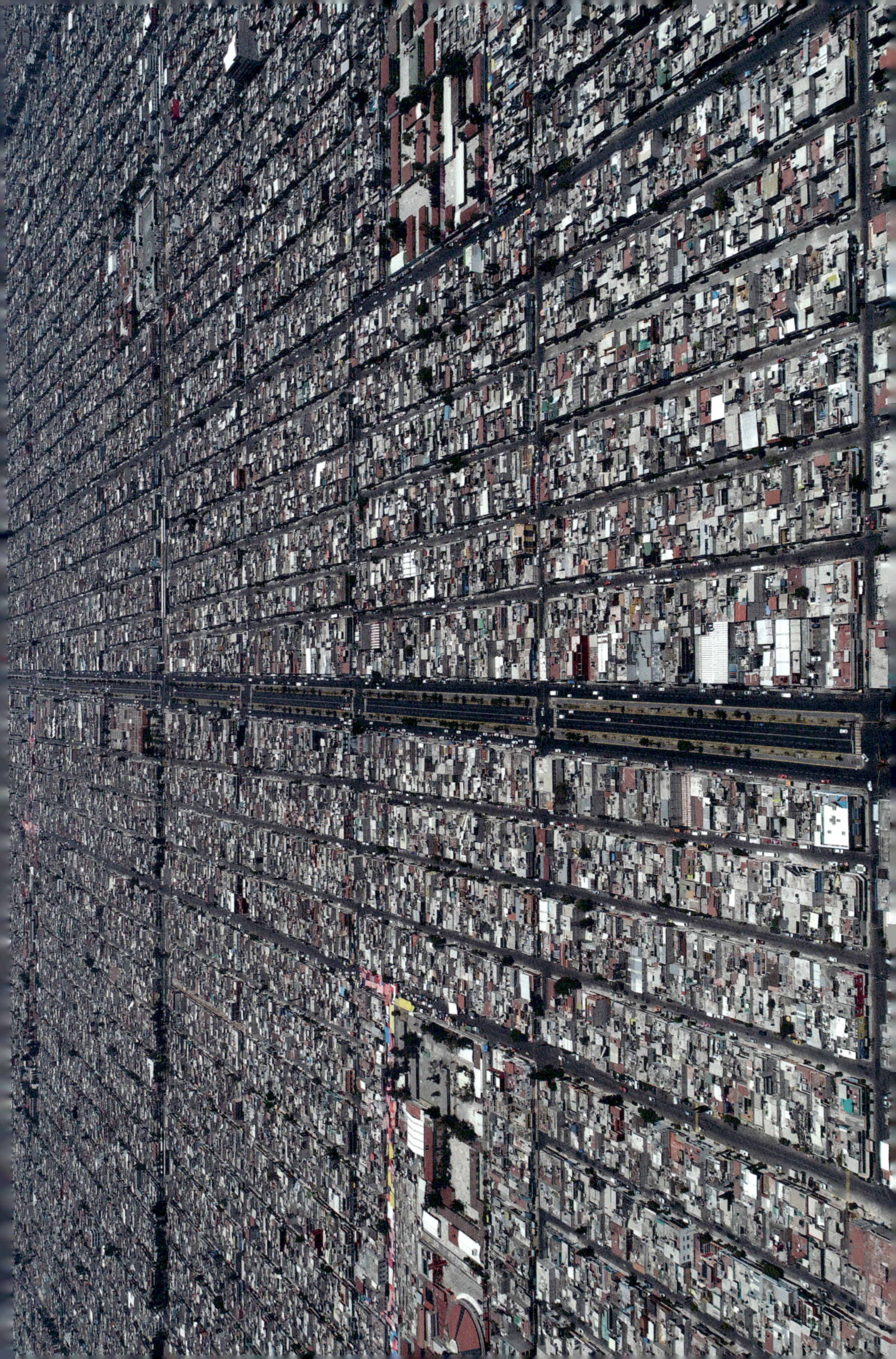

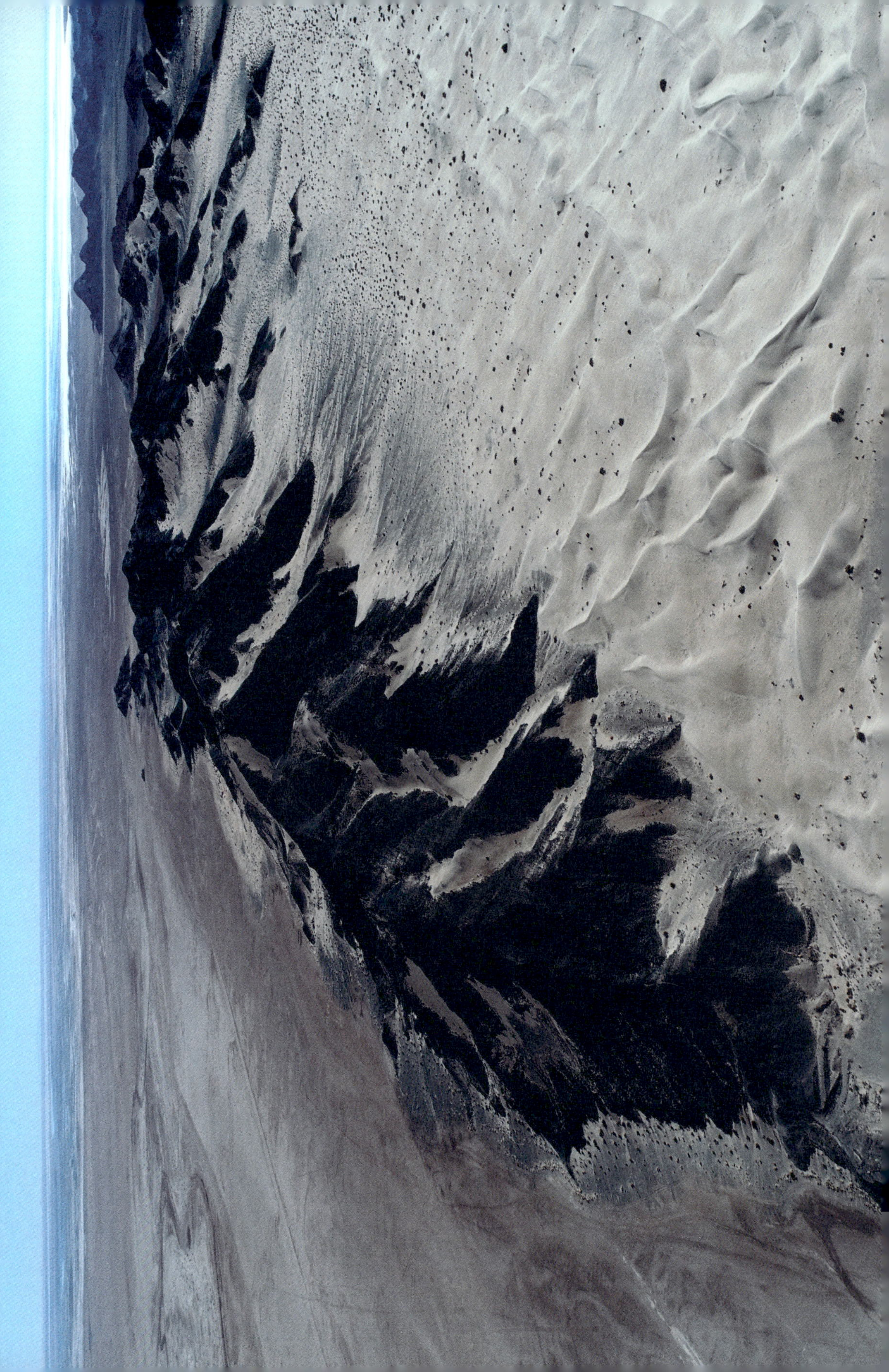

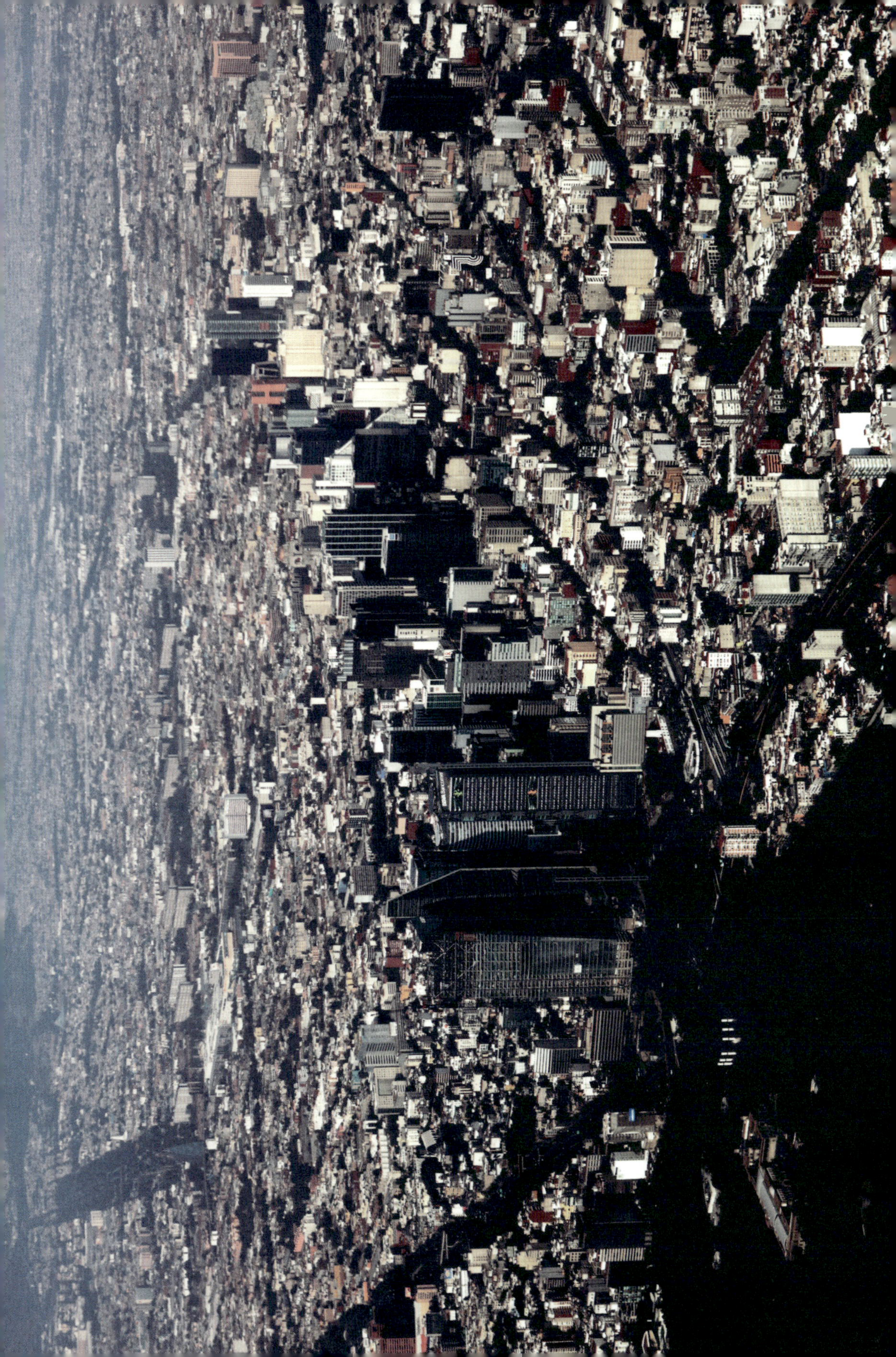

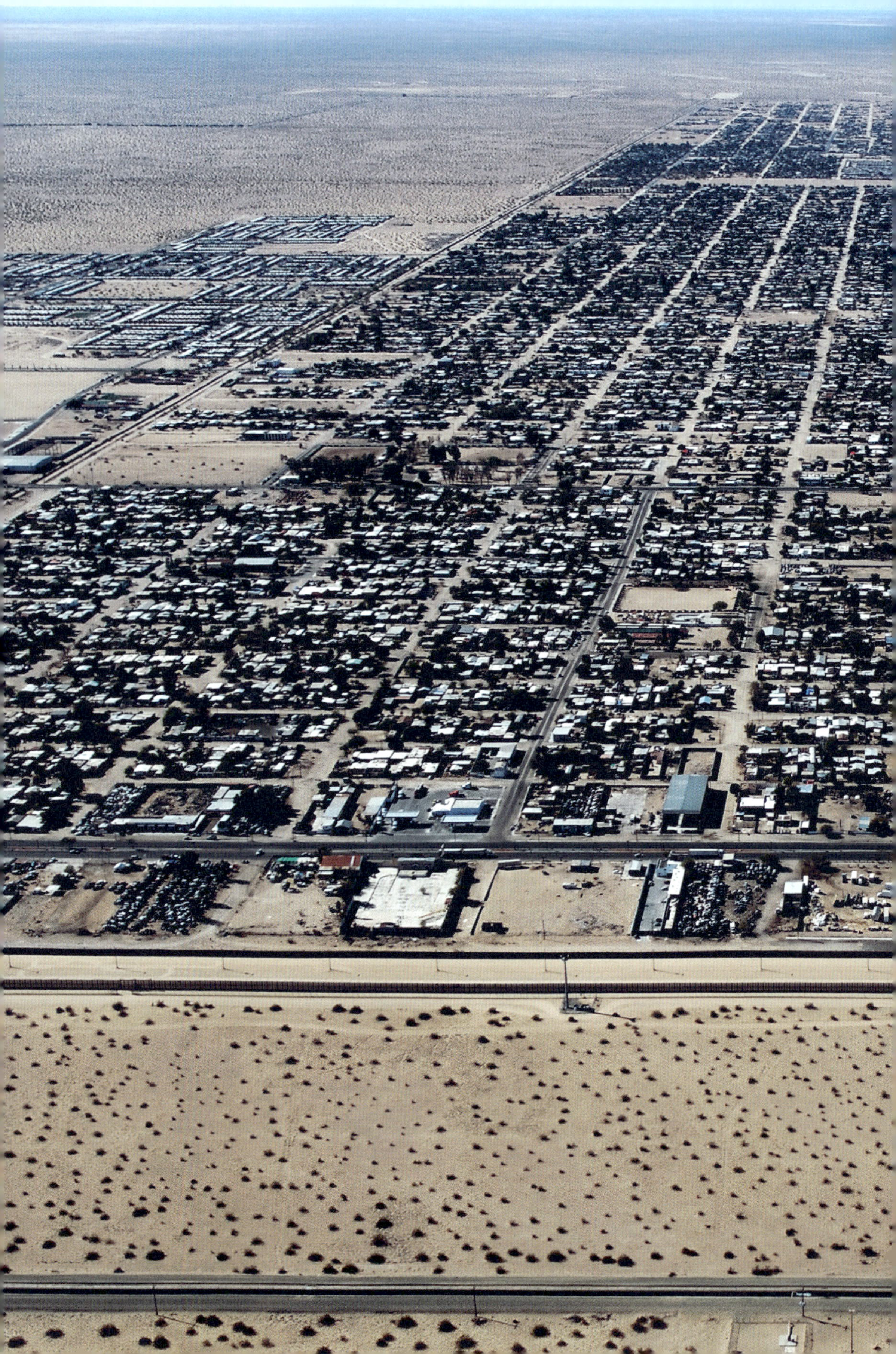

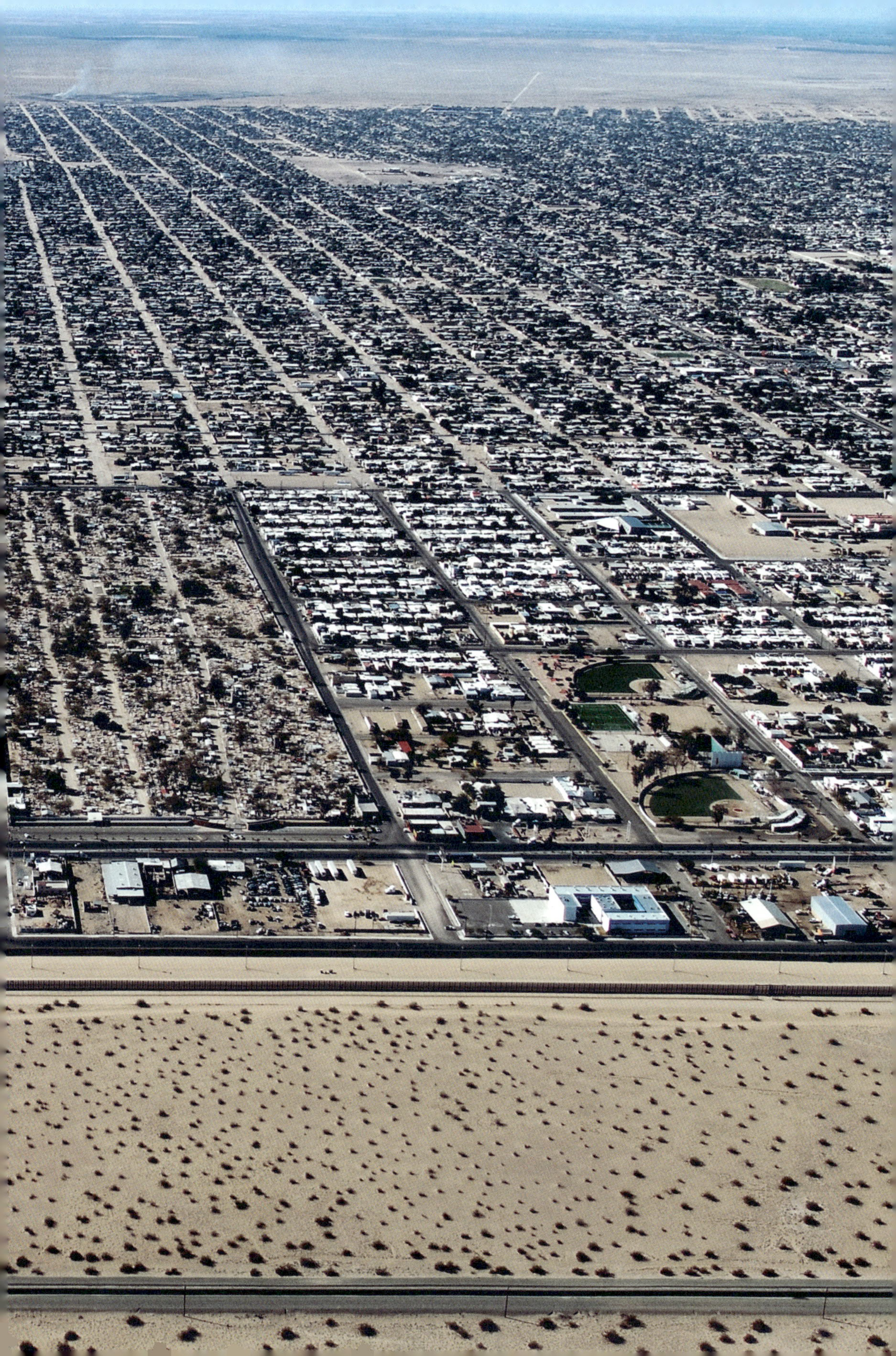

We save ourselves together or we sink on our own.[1]

In the mid-twentieth century, Esther McCoy predicted in *Arts and Architecture* that Mexico would no longer borrow architectural styles from Europe, but instead look to its past for inspiration.[2] Today we believe that we now need another shift in focus. We should no longer be looking toward the past but rather toward the geographical present, at the land that has been encroached upon or used.

The Mexican Pavilion presents the creative process in which architecture bases its work on geographical diversity and sensitivity. Taking an approach that is proactive—though not necessarily positive—complexity is presented as wealth, contrasts as opportunities, and vulnerabilities as spatial qualities whereby everything that is outside, all that constructs the territory, ends up in the form that architecture takes discursive and symbolic configurations.

The exhibition's proposal attempts to make the territory visible by revealing all of its layers, and explaining its numerous manifestations and disguises. The sixteen murals on display are the echoes of the territory that open sequences that reveal a dialogue between parties in which natural phenomena, geographic formations and infrastructure are all turned into an ongoing discussion. Each stone partition, placed strategically in the exhibition venue,

1 Juan Rulfo, "México y los mexicanos". *Anuario de nuestro mundo*, 1986.

2 "Mexico has long been a borrower of architectural styles from Europe, but today she turns seriously to her own past for inspiration". Section of *Arts and Architecture*, 1950.

Nos salvamos juntos o nos hundimos separados.[1]

A mediados del siglo XX, Esther McCoy predijo en *Arts and Architecture* que México ya no tomaría prestados los estilos arquitectónicos de Europa sino que volvería su mirada al pasado en busca de inspiración.[2] Hoy podríamos replicarle que debería producirse otro cambio en el foco de atención. Lo que debe ser atendido ya no es el pasado sino el presente geográfico, el territorio invadido u ocupado.

El Pabellón de México presenta el proceso creativo en el que la arquitectura asume la sensibilidad y la diversidad geográfica como puntos de partida. En una actitud propositiva —no necesariamente positiva— se presenta la complejidad como riqueza, los contrastes como oportunidades y las vulnerabilidades como cualidades espaciales en las que todo lo que está en el exterior, lo que construye el territorio, termina plasmado en la arquitectura por medio de configuraciones discursivas y simbólicas.

La propuesta de la exposición responde a un intento por visibilizar el territorio, revelar todas sus capas y explicar los porqués de sus disfraces y manifestaciones infinitos. Los dieciséis murales que se exhiben, como réplicas de un territorio, abren secuencias para desvelar un diálogo entre partes, en el que los fenómenos naturales, las formaciones geográficas y las infraestructuras mismas se convierten

1 Juan Rulfo, "México y los mexicanos". *Anuario de nuestro mundo*, 1986.

2 "Mexico has long been a borrower of architectural styles from Europe, but today she turns seriously to her own past for inspiration". Sección de *Arts and Architecture*, 1950.

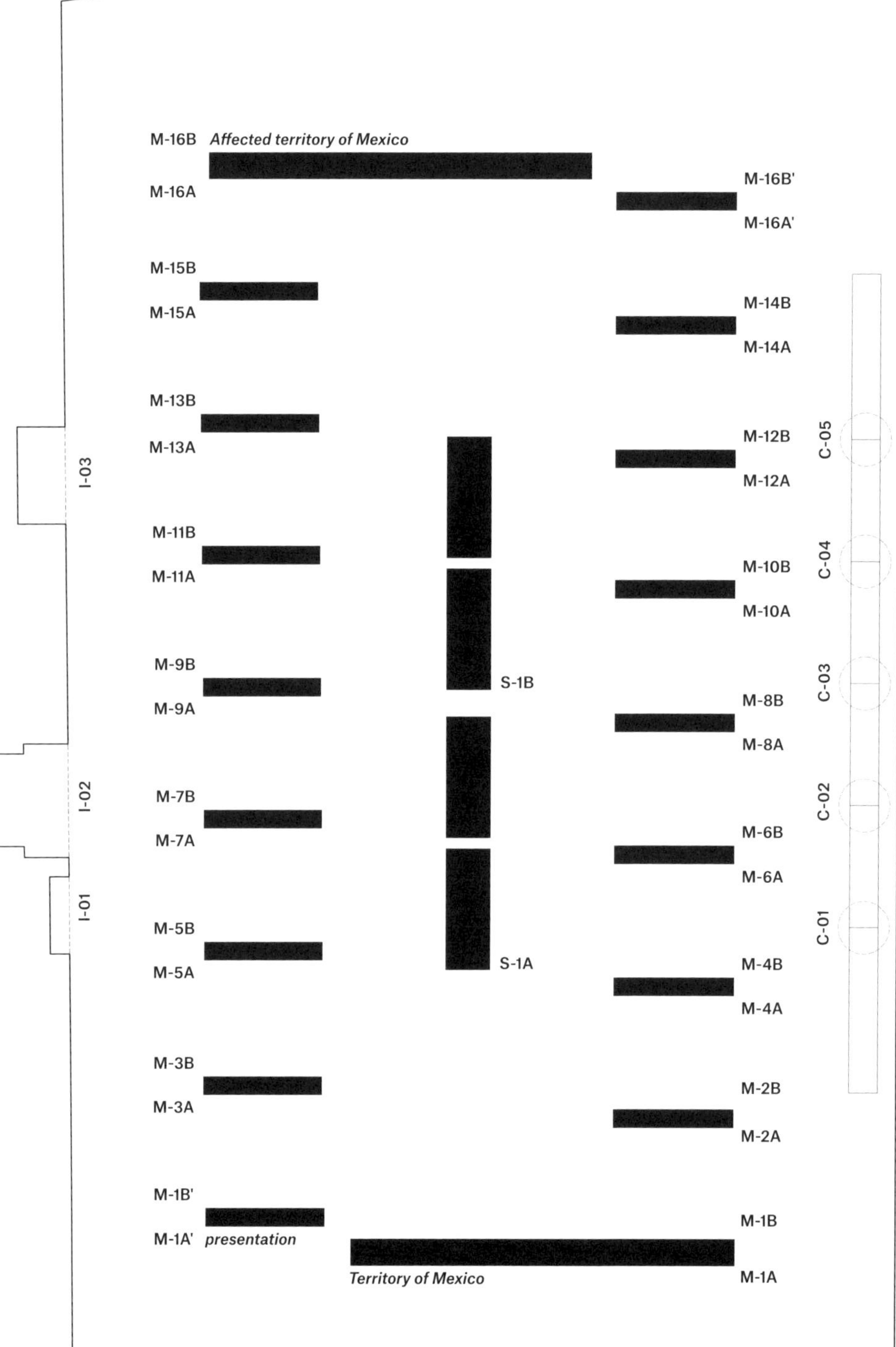

M-16B Affected territory of Mexico
M-16A
M-16B'
M-16A'
M-15B
M-15A
M-14B
M-14A
M-13B
M-13A
M-12B
M-12A
C-05
I-03
M-11B
M-11A
M-10B
M-10A
C-04
M-9B
M-9A
S-1B
M-8B
M-8A
C-03
I-02
M-7B
M-7A
M-6B
M-6A
C-02
I-01
M-5B
M-5A
S-1A
M-4B
M-4A
C-01
M-3B
M-3A
M-2B
M-2A
M-1B'
M-1A' presentation
M-1B
Territory of Mexico
M-1A

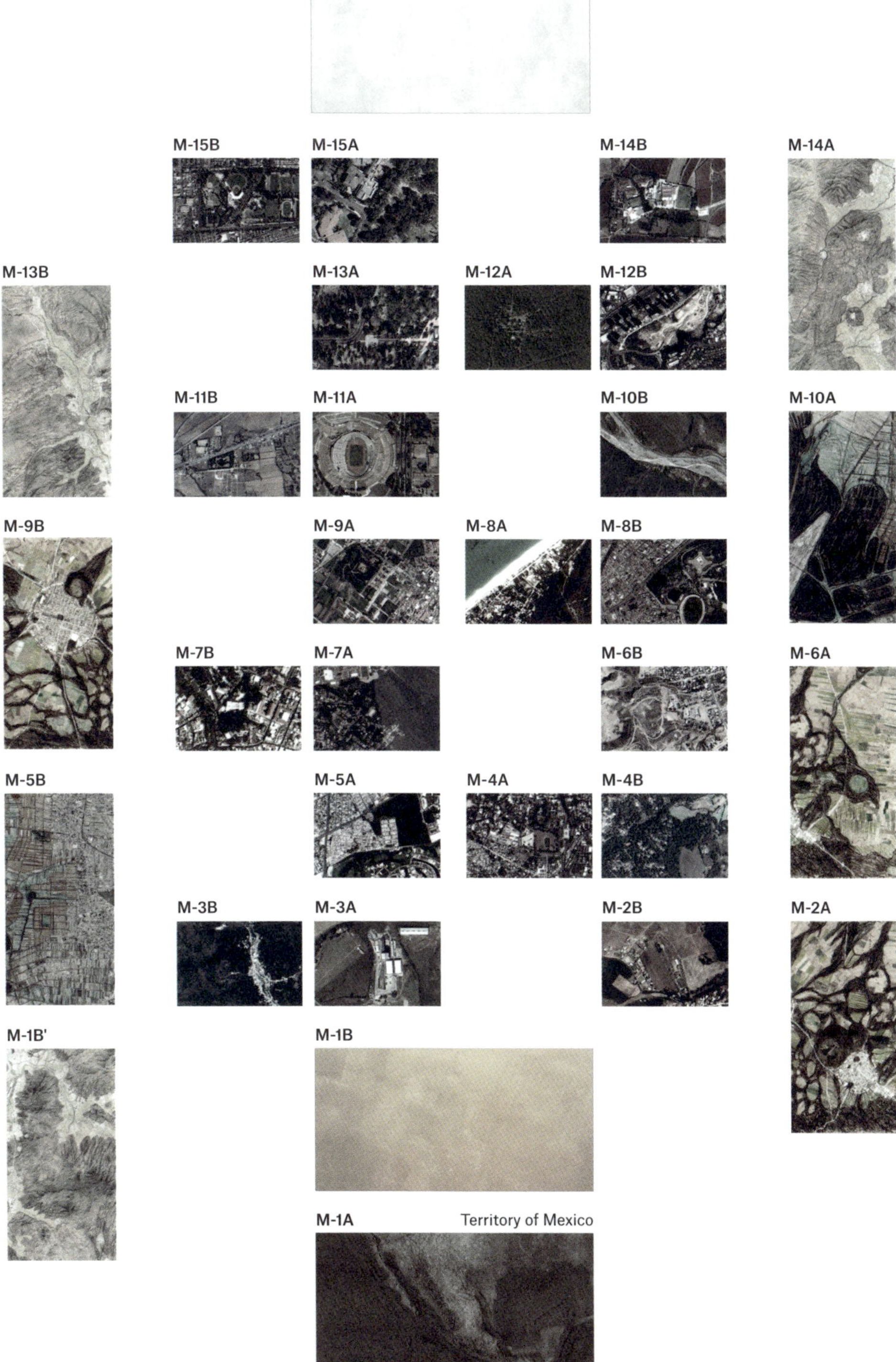

Exhibition Layout and Mural classification, Ambrosi Etchegaray Propuesta de Exhibición y nomenclatura de Murales, Ambrosi Etchegaray

configures space and brings into view its topography, bathymetry, and the entire complexity of Mexico's territory centered around the architectural profession.

The exhibition is based on the language of muralist art —essential in Mexican history, as a movement sought mainly to reactivate reconstruction processes and collective identities after the Revolution—in order to rescue a discourse of identity, this time based on dialogue established between the land and the synthesis in murals that express the diversity of discourses in visual, tactile, sonorous and olfactory ways, and the verification of a game of oppositions which Mexican architecture still faces to this day.

The main murals are the two façades-entrances to Mexico's Pavilion, attracting the visitor's gaze toward the Mexican territory. This stimulating exercise seeks to reveal Mexico's geography in dialogue with contemporary architecture. The first mural is a reminder of how the culture of Tenochtitlan identified nature as the key element in the settlement process. It evokes how, over the centuries a tangible interaction has existed between Mexican society and the visible quality of its landscapes.[3] *Mural M1-A* therefore frames a territory that makes room for an inevitable communion between culture, land and built space. Without marking political boundaries, the emphasis instead focuses on the topography and bathymetry around which Mexican architectural concepts take shape.

At the other entrance, *Mural M16-A* shows the same territory, but this time exposing the ravages caused and conditions of extreme poverty. As a descriptive analysis, it indicates the areas in need of far-reaching and urgent

3 Rosina Greene Kirby, *Mexican Landscape Architecture from the Street and from Within*, Tucson: University of Arizona Press, 1972, p. 13.

en una discusión viva. Cada mampara de piedra, colocada de manera estratégica en el espacio expositivo, configura el espacio mismo y hace evidente la topografía, la batimetría y toda la complejidad del territorio mexicano a partir del quehacer arquitectónico.

La exposición parte del lenguaje del arte muralista —fundamental en la historia de México, cuyo objetivo principal después de la Revolución fue reactivar procesos de reconstrucción e identidades colectivas— con la intención de recuperar un discurso identitario, esta vez basado en el diálogo establecido con nuestra tierra y la síntesis en murales que expresan de forma visual, táctil, sonora y olfativa la diversidad de discursos y la constatación de un juego de oposiciones al que aún se enfrenta la arquitectura mexicana.

Los murales principales son las dos fachadas para ingresar al Pabellón de México, que voltean la mirada hacia el territorio nacional. Este ejercicio desafiante persigue el objetivo de descubrir la geografía mexicana en diálogo con la arquitectura contemporánea. El primer mural recuerda cómo Tenochtitlán, en su cultura, identificó la naturaleza como elemento clave del proceso de asentamiento. Evoca cómo durante siglos existió una interacción tangible entre la sociedad mexicana y la cualidad visible de sus paisajes.[3] Así, el *mural M1-A* encuadra un territorio que da lugar a una comunión inevitable entre la cultura, la tierra y el espacio construido. Sin divisiones políticas, se resalta la topografía y la batimetría en las que se desarrolla el pensamiento arquitectónico de México.

En el otro acceso, el *mural M16-A* muestra el mismo territorio, pero saca a la luz las devastaciones sufridas y los

3 Rosina Greene Kirby, *Mexican Landscape Architecture from the Street and from Within*, Tucson: University of Arizona Press, 1972, p. 13.

attention in the face of natural cycles, which take the form of the earthquakes, flooding and hurricanes that have hit Mexico in the past two years.

On the back of these two main, stone-carved murals of the territory, a golden surface appears—the first statement—showing the generosity of our land,[4] its natural reserves and rich diversity; and another in opaque silver—the second statement—that narrates humankind's effect on the territory, our consideration and inconsideration, and a critical analysis of the social structures that show the shortcomings of legislation and political strategies[5] that disregard the intrinsic aspects of a large surface area: the need for large-scale and long-term planning.

Between the two main murals and their opposite faces, a series of short, pictorial abstractions, comprised by the same tectonic structure, display the work of 21 architecture studios, intercalated with descriptive drawings and graphic representations,[6] another voice in the dialogue between projects that shows a different scale, initial vulnerabilities and human inconsistencies to recognize the geographical values of the place in which these architects work.

The series of shorter murals displays the participants' projects[7] using three works: a stone model, an aerial video taken by a drone, and architectural portraits. The stone

4 *First Statement*, Damián Comas. Cross Section. Hugo Sánchez.

5 *Second Statement*, Carlos Zedillo and Juan Palomar.

6 Descriptive drawings and graphic representations, Alberto Kalach. *Territorial Plan, Valley of Oaxaca*, 2017. The plan is replicable on various scales: municipalities, river basins, and states. It can even be applied nationwide. These plans have been one of the keys for many countries' development. Think and plan before acting.

7 To draw up a shortlist of participants, the National Council for Culture and the Arts (Conaculta), through the National Institute of Fine Arts (INBA), with the participation of the Technical Committee, announced an open competition. The selection was based on high-quality works of architecture, which revealed a generous territory. Regardless

estados de pobreza extrema. A modo de análisis descriptivo, señala las zonas que requieren atención profunda y urgente ante los ciclos naturales, que se manifestaron con sismos, inundaciones y huracanes durante los dos últimos años en el país.

En los lados opuestos a estos dos murales principales del territorio labrado en piedra, se devela una cara en dorado —primera declaración— que presenta la generosidad de nuestro suelo,[4] sus reservas naturales y la diversidad de riquezas, y otra en plata opaca —segunda declaración— que narra la acción del hombre sobre el territorio, su ocupación considerada y desconsiderada, y un análisis crítico de las estructuras sociales que muestran las carencias en la legislación y las estrategias políticas[5] que no atienden las características propias de una gran superficie: la necesidad de planeación a gran escala y largo plazo.

Entre los dos murales principales y sus caras opuestas, una serie de abstracciones pictóricas cortas, comprendidas por la misma tectónica, exhiben las obras de 21 oficinas, intercaladas con dibujos descriptivos y representaciones gráficas,[6] otra voz en el diálogo entre los proyectos, que demuestra una escala distinta, vulnerabilidades de partida e inconsistencias humanas para reconocer los valores geográficos del lugar en el que operan los arquitectos.

En el conjunto de murales cortos se reúnen los proyectos de los participantes[7] por medio de tres piezas: modelo

4 *Primera Declaración*, Damián Comas. Sección transversal. Hugo Sánchez.

5 *Segunda Declaración*, Carlos Zedillo y Juan Palomar.

6 Dibujos descriptivos y representaciones gráficas, Alberto Kalach. *Plan Territorial Valle de Oaxaca*, 2017. El plan es replicable en varias escalas: municipios, cuencas, estados, hasta cubrir toda la República. Estos planes han sido una de las llaves para el desarrollo de muchos países. Pensar y planear antes de ejecutar.

7 Para seleccionar a los participantes, la Secretaría de Cultura, por medio del Instituto Nacional de Bellas Artes, con la participación del Comité Técnico, publicó una

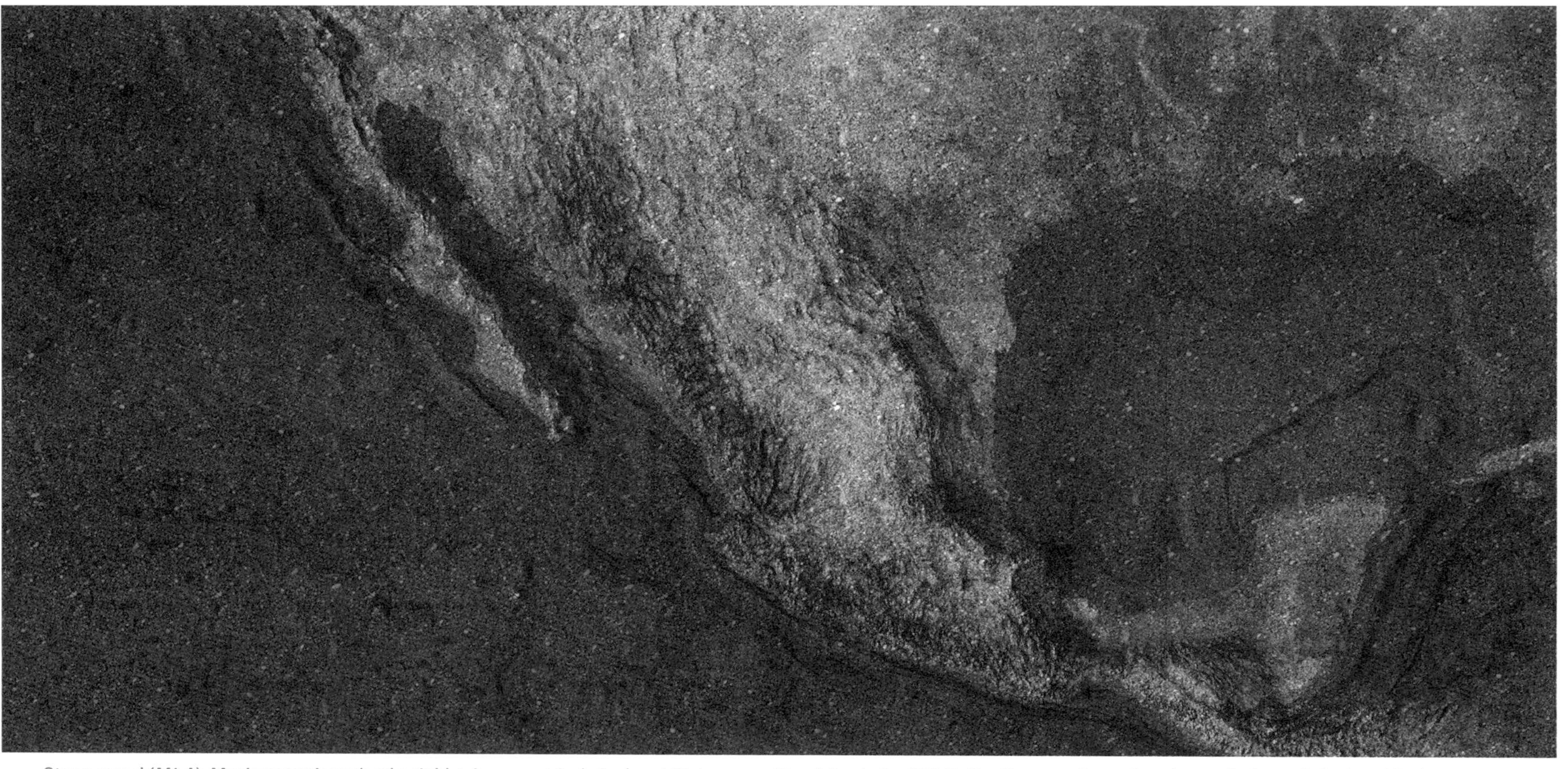

Stone mural (*M1-A*). Mexican territory (and neighboring countries), Ambrosi Etchegaray **Mural de piedra (*M1-A*). Territoro mexicano (y paises colindantes), Ambrosi Etchegaray**

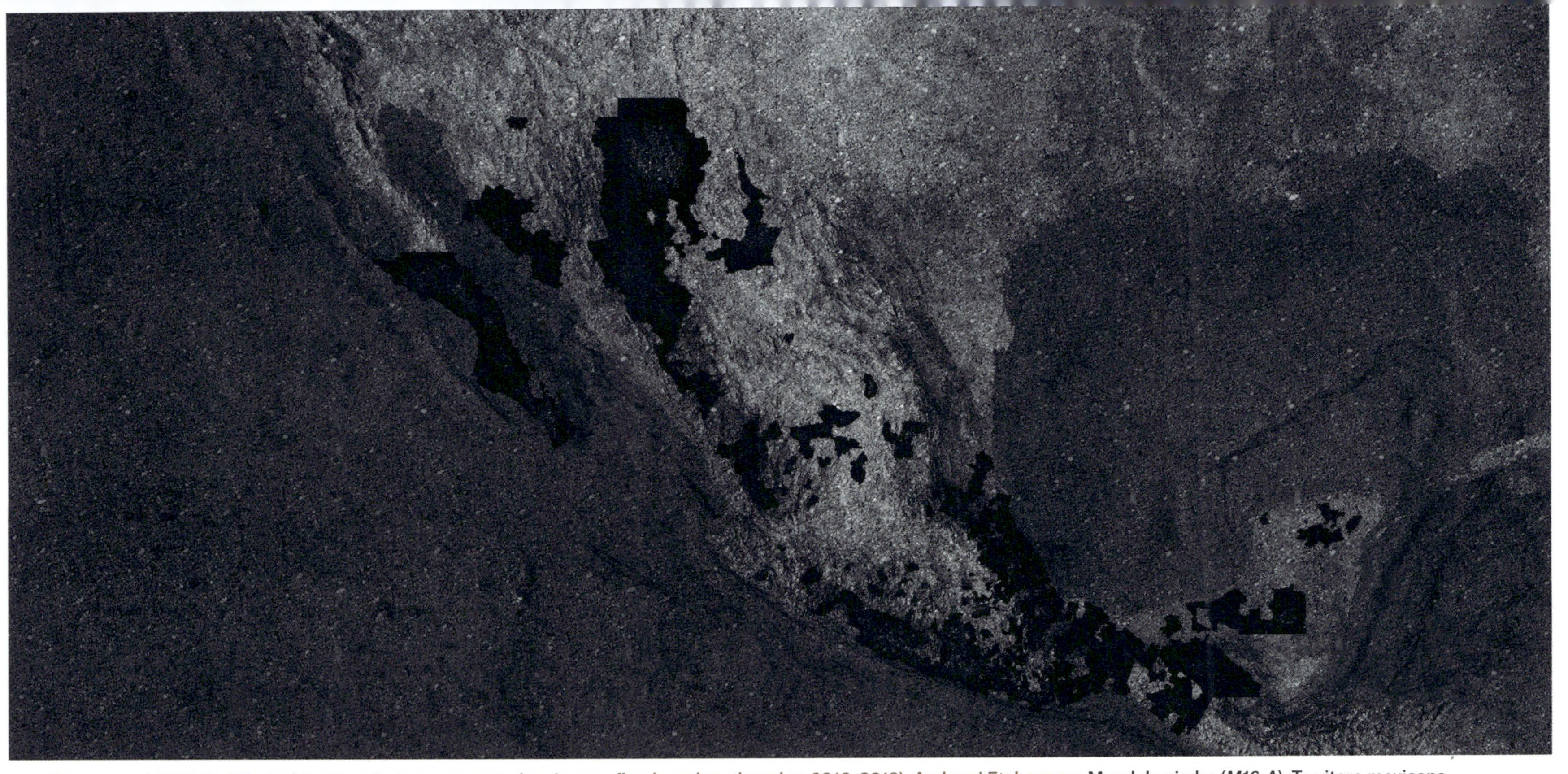

Stone mural (*M16-A*). Affected territory (extreme poverty, hurricanes, floods and earthquakes 2016–2018), Ambrosi Etchegaray Mural de piedra (*M16-A*). Territoro mexicano (pobreza extrema, huracanes, inundaciones y sismos 2016–2018), Ambrosi Etchegaray

models are abstractions by the architects, illustrating the essence or thinking behind each project and studio, showing what makes it specific and constitutes the gift of architecture as a reflection of the generosity of the creative process, which offers benefits not only to inhabitants but also to the land which we co-inhabit. Every model is inserted in the composition of a mural with the video and a series of portraits.

The videos taken with drones explain the placement of each work within the landscape at various scales, revealing each one of their sides and the solutions for their insertions into their respective surroundings.[8] The close gaze sends out another echo and adds a series of examinations and portraits of the built architecture; these appear to be deviated but are in fact based on an alternative narrative: the empty gaze of pretentions that offers readings far-removed from the construction and interprets the spatial route in a revisionary context of the architecture.

The exhibition therefore offers an indirect impression of the state of contemporary architecture in Mexico, completed with a critical, imaginative and social vision. It represents the search for a joint perspective that makes it possible to face up to the constant imbalances which the country needs to address. A nation consisting of a prodigious reality, whose formation has been defined as a shifting interplay of shared cultural rules:[9] Mexico City is a tangible example of a process of absorbing contrasts.

of the program or typologies, public or private, large or small, the selected projects emphasize everything that is unexpected, surprising, generous, and born of a process of reflection in practice.

8 Drone videos, Santiago Arau. Portraits of architecture, Lake Verea.

9 Colin MacLachlan and Jaime Rodriguez, *The Forging of the Cosmic Race: A Reinterpretation of Colonial Mexico*, Berkeley: University of California Press, 1990, p. 14.

en piedra, video con dron y retratos de arquitectura. Los modelos en piedra son abstracciones de los arquitectos e ilustran la esencia o pensamiento de cada proyecto u oficina, aquello que lo hace específico y constituye el regalo de la arquitectura como reflejo de la generosidad del proceso creativo, que ofrece virtudes no sólo al habitante sino también a la tierra con la que convive. Cada modelo se inserta en la composición de un mural con el video y una serie de retratos.

Los videos tomados con drones explican en diversas escalas el emplazamiento de cada obra en el paisaje, revelan cada una de sus caras y sus soluciones de inserción en el entorno.[8] La mirada cercana emite otro eco y suma una serie de retratos y escrutinios en apariencia desviados de la arquitectura construida, pero que parten de una narrativa alterna: la mirada vacía de pretensiones aporta lecturas lejanas a la edificación e interpreta el recorrido espacial en un contexto de revisión con lo arquitectónico.

Con todo lo anterior, la exposición presenta una impresión indirecta de la realidad actual de México en la arquitectura, que se completa con la visión crítica, imaginativa y social. Representa la búsqueda de una perspectiva conjunta que permite enfrentarse a los desequilibrios constantes a los que el país se ve obligado a responder. Una nación conformada por una realidad prodigiosa, cuya formación se ha definido como un juego cambiante de reglas culturales

convocatoria abierta. La premisa de selección resaltaba arquitectura de calidad, que evidenciara un territorio generoso. Sin importar el programa o las tipologías de lo público o lo privado ni su escala, los proyectos seleccionados hacen hincapié en todo lo que es inesperado, sorpresivo, generoso y que nace de un proceso de reflexión en la práctica.

8 Videos con dron, Santiago Arau. Retratos de arquitectura, Lake Verea. Proyectos seleccionados para la muestra.

In this sense, the discourse of naturalist Alexander von Humboldt, who 200 years ago already referred to the need to bring the visible and invisible world into harmony as two inseparable dimensions of territory,[10] takes center stage in the exhibition design.

For a land that gives signals year after year, Humboldt suggested paying particular attention to the territory as a way to react by living consciously and causing less damage. In his expeditions around Mexico, between 1803 and 1804, he captured the country's complexity, revealed the geographic visualizations in which the represented territory became the imagined landscape, and developed a working method in which he was not afraid of drawing conclusions based on what he had seen, heard or read during his expeditions, making logical connections between natural and social phenomena. Then the geographer and explorer modified a large map of Mexico, creating a profile from Mexico City to the sea, and geological cross-sections from one coastline across to the other.[11] These cross-sections were crucial to insert geographical information into an essentially statistical study, with layers of information in constant dialogue, in which the data provided on the economy could not be separated from altitude, climate and proximity to the sea.

In this way, the echoes of the land were recorded and interlinked for the first time in a more accurate theoretical explanation of the set of elements that create a country's specific characteristics.[12] For Humboldt, the pictorial values

10 Juan Antonio Ortega and Medina, *Humboldt desde México*, Mexico City, Universidad Nacional Autónoma de México, p. 183.

11 José Miranda, *Humboldt y México*, Mexico City, Universidad Nacional Autónoma de México, 1962, p. 116.

12 Manuel Moreno, "Una teoría del paisaje mexicano", *Filosofía y Letras* no. 51–52 (1953), p. 194.

compartidas:[9] la Ciudad de México es un ejemplo tangible de un proceso de absorción y contrastes.

En ese sentido, el discurso del naturalista Alexander von Humboldt, quien ya se planteaba 200 años atrás la necesidad de congeniar el mundo visible y el invisible como dos dimensiones inseparables del territorio,[10] se convierte en el punto central del montaje de esta exposición.

Para un suelo que da señales año tras año, Humboldt sugería colocar la atención especial en el territorio como respuesta a un habitar consciente y menos nocivo. En sus viajes a México, entre 1803 y 1804, captó la complejidad del país, reveló las visualizaciones geográficas en las que el territorio representado se convertía en el paisaje imaginado y constituyó un método de trabajo en el que no se abstuvo de sacar conclusiones sobre lo que había visto, oído o leído durante su estancia, sino que trenzó explicaciones entre los fenómenos naturales y sociales. Entonces, el geógrafo y explorador modificó un gran mapa de México con el perfil desde la Villa de México hasta el mar, y los cortes geológicos de un mar a otro.[11] Estas representaciones en sección fueron cruciales para cargar de información geográfica un estudio estadístico en esencia, con capas de información en diálogo constante, en las que los datos aportados sobre la economía no podían desligarse de la altura, el clima y la proximidad al mar.

De este modo, los ecos del territorio se plasmaron y entrelazaron por primera vez en una teoría más precisa para

9 Colin MacLachlan y Jaime Rodriguez, *Forging of the Cosmic Race: A Reinterpretation of Colonial Mexico*, Berkeley, University of California Press, 1990, p. 14.

10 Juan Antonio Ortega y Medina, *Humboldt desde México*, México, Universidad Nacional Autónoma de México, p. 183.

11 José Miranda, *Humboldt y México*, México, Universidad Nacional Autónoma de México, 1962, p. 116.

of the Mexican *altiplano* and the autonomous values of nature, as an object of analysis, were often produced by the latitude and altitude above sea level, among other variants.[13] Though Humboldt's interpretation and opinion did not arouse great interest during his lifetime, these are the values rescued by this exhibition, because his metageographical reading is still useful for explaining how the country functions. Therefore, the cross-section from one sea to the other, which Humboldt decided to add, is placed in the middle of the exhibition's set of equidistant murals.

Divided into two sections, from Veracruz to Mexico City and Mexico City to Lázaro Cárdenas Port, Michoacán, a descriptive analysis is added and redrawn,[14] and today this explains the interrelation between the geographic and social landscape, the latter including the economy, infrastructure and politics.

In the present, as shown by the set of murals, the contradictory conditions are a constant in Mexico. Nature, depicted as being hostile in the heat of a volcano, is also rich in resources to the eyes of its inhabitants. The mountain range, which articulates a territory and governs its commercial relations, is a zone of unpredictable earth tremors. The physical, climatological and geographical vulnerabilities are the result of the generosity of an exceptional and fertile land, which is often shown to be fragile due its burden. Therefore, the diversity of ecosystems, climates and landscapes is also on display with dramatic earthquakes, hurricanes and floods—phenomena that inhabitants can protect themselves from, but not escape. In its cultural and historical condition—in the collective imaginary—there is

13 *Ibid.*, p. 197.

14 Intervention of "Hábitats, homenaje a Humboldt", Cross Section, Hugo Sánchez. *M1-B*.

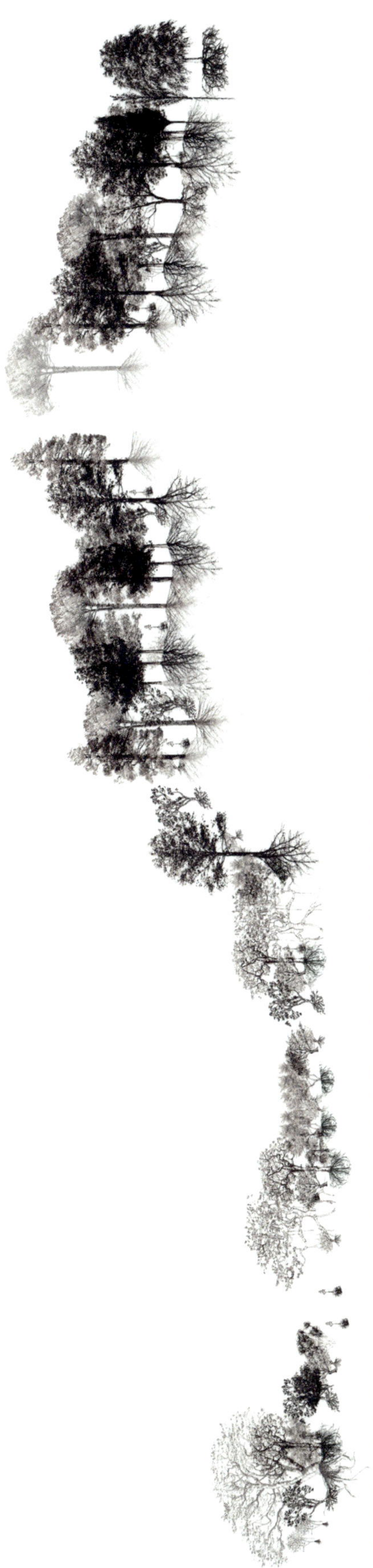

Tule (*typha sp.*)
Sauce llorón (*salix babilonica*)
Ahuejote (*salix bonplandiana*)
Ahuehuete (*taxodium mucronatum*)

LACUSTRE

Maguey (*agave sp.*)
Nopal (*opuntia sp.*)
Pastos (*pennisetum sp.*)
Helechos dif. var.
Capulín (*prunus salicifolia*)
Huizache (*acacia farnesiana*)
Tepozan (*buddleia cordata*)
Encino (*quercus sp.*)
Fresno (*fraxinus uhdei*)

CAÑADAS CUENCA

Pastos silvestres (*pennisetum sp.*)
Pino piñon (*pinus pinea*)
Ocote (*pinus montezumae*)

PINAR

Helechos dif. sp.
Pastos silvestres (*pennisetum sp.*)
Madroño (*arbutus xalapensis*)
Pino piñon (*pinus pinea*)
Ocote (*pinus montezumae*)
Encino (*quercus sp.*)

PINO ENCINO

Organo (*cereus*)
Maguey (*agave sp.*)
Nopal (*opuntia sp.*)
Yuca (*yucca sp.*)
Dracena (*dracaena sp.*)
Suculentas dif. sp.
Palo loco (*senecio praecox*)
Palo dulce (*eisenhardtia polystachya*)

MATORRAL

Maguey (*agave sp.*)
Nopal (*opuntia sp.*)
Cuajiote (*bursera fagaroides*)
Copal (*bursera copaloides*)
Guaje (*leucaena leucocephala*)
Guamúchil (*pithecellobium*)
Cazahuate (*ipomoea murucoides*)

SELVA BAJA SUBCADUCIFOLIA

Clavelina (*peseudobombax ellipticum*)
Flor de mayo (*plumeria rubra*)
Palma sabal (*sabal mexicana*)
Palma guacuyole (*acrocomia aculeata*)
Parota (*enterolobium ciclocarpum*)
Papelillo (*bursera simaruda*)
Amate (*ficus glabrata*)

SELVA MEDIA

Cross section of the country showing the tree species representative of different habitats. Hugo Sánchez Sección transversal del país mostrando las especies arbóreas representativas de diferentes habitats. Hugo Sánchez.

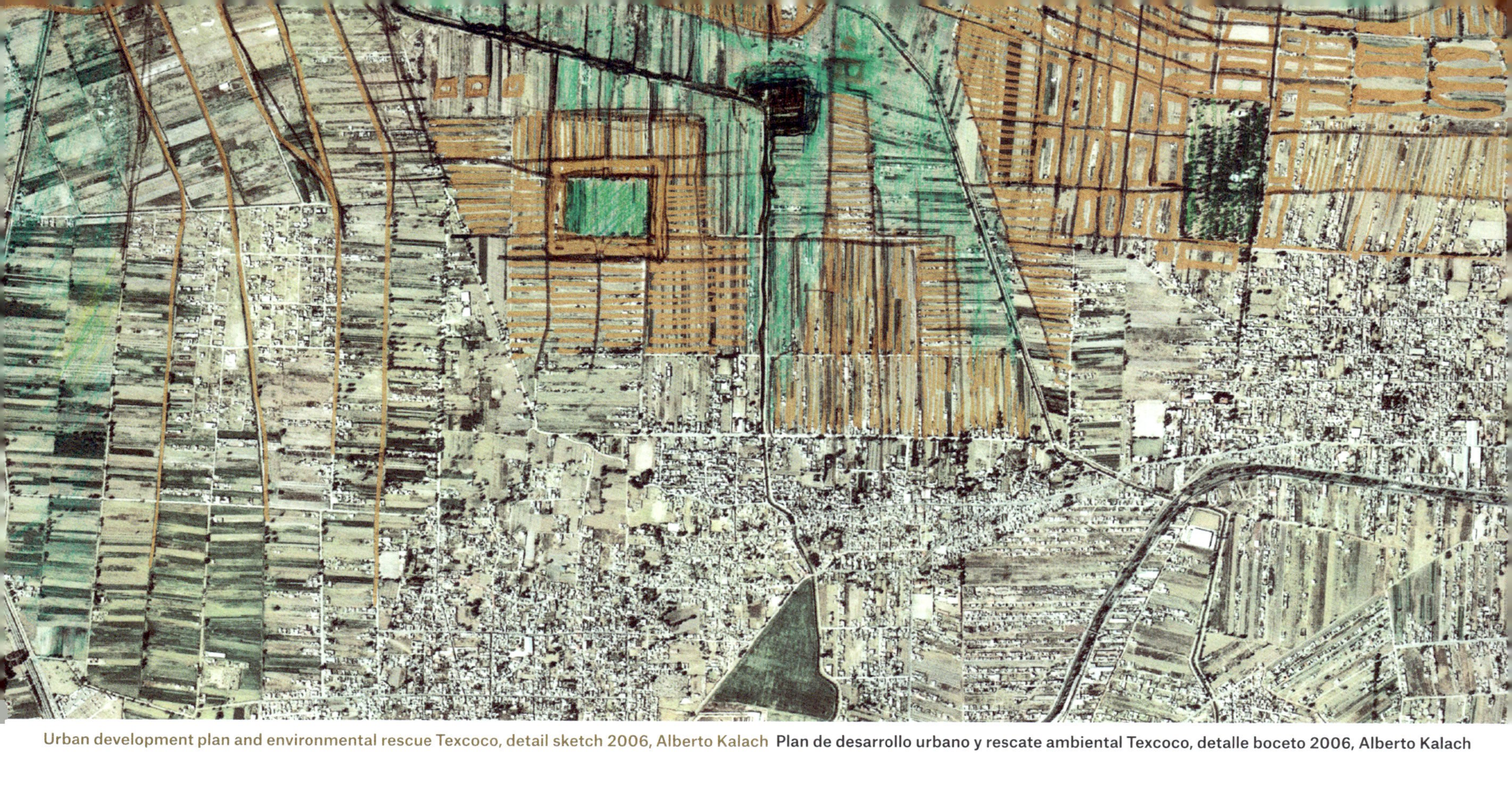

Urban development plan and environmental rescue Texcoco, detail sketch 2006, Alberto Kalach Plan de desarrollo urbano y rescate ambiental Texcoco, detalle boceto 2006, Alberto Kalach

explicar el conjunto de elementos que generan las características propias de un país.[12] Para Humboldt, los valores pictóricos del altiplano mexicano y los valores autónomos de la naturaleza, en cuanto objeto de análisis, en muchos casos eran producidos por la latitud y elevación sobre el nivel del mar, entre otras variantes.[13] Sin embargo, la interpretación y el juicio de Humboldt no son lo que más interesó en su época, pero son los valores que rescata esta exposición, pues su lectura metageográfica todavía sirve para explicar el funcionamiento del país. Por ello, el corte de un mar a otro que Humboldt decidió añadir ocupa el centro del conjunto de murales equidistantes en la exposición.

Dividido en dos secciones, de Veracruz a la Ciudad de México y de la Ciudad de México al Puerto Lázaro Cárdenas, Michoacán, se interviene y redibuja un análisis descriptivo[14] que explica hoy la interrelación entre el paisaje geográfico y social, este último incluye la economía, la infraestructura y la política.

En el presente, como se evidencia en el conjunto de murales, las condiciones contradictorias son una constante en el país. La naturaleza, que se presenta hostil en el ardor de un volcán, también es rica en recursos a los ojos de quien la habita. La cordillera, que articula un territorio y rige sus relaciones comerciales, es una zona de temblores impredecibles. Las vulnerabilidades físicas, climatológicas y geográficas son resultado de la generosidad de un territorio excepcional y fértil, que por su carga se muestra frágil en

12 Manuel Moreno, "Una teoría del paisaje mexicano", *Filosofía y Letras* no. 51–52 (1953), p. 194.

13 *Ibid.*, 197.

14 Intervención de "Hábitats, homenaje a Humboldt", Sección transversal, Hugo Sánchez. *M1-B*.

an awareness of a territory that is both demanding and generous at the same time.

For all these reasons, the exhibition demonstrates that Mexico not only needs to look after its most generous sides but also the inherited consequences that we must live with daily. As Humboldt put it himself, an objective understanding of nature and its resources must always be included alongside the subjective perspective of society. Both aspects are inseparable and effect each other mutually.

The catastrophes experienced in recent years emphasize and demand an expanded ethical role for architecture. They evoke creating a territory with attention to the physical and cultural variables that determine the design process. Each architect in each society has a field in which to imagine. The formulation of desires and fantasies is limited to the echoes of the land in order to demonstrate that architecture should not be a reality unto itself but a discourse parting from reality.

múltiples ocasiones. Así, la diversidad de ecosistemas, climas y paisajes también se manifiesta en aparatosos terremotos, huracanes e inundaciones. Fenómenos de los que el habitante se protege pero de los que no puede huir. En su condición cultural e histórica —en el imaginario colectivo— está presente la conciencia de un territorio que exige y otorga al mismo tiempo.

Por todo lo anterior, la exhibición expresa que México necesita atender no sólo sus caras más *generosas* sino consecuencias heredadas con las que se debe convivir a diario. Como lo planteaba el mismo Humboldt, siempre es necesario incluir el conocimiento objetivo de la naturaleza y sus recursos junto a la visión subjetiva de la vida social. Ambas dimensiones son inseparables y ejercen influencia una sobre la otra.

Las catástrofes vividas en los últimos años enfatizan un rol ético más amplio en la arquitectura y de manera obligada; evocan construir el territorio en atención a las variables físicas y culturales que determinan los procesos de diseño. Cada arquitecto en cada sociedad tiene un campo posible para imaginar. La formulación de deseos y fantasías queda limitada por los ecos de su tierra para demostrar que la arquitectura no debe ser una realidad en sí misma sino un discurso a partir de la realidad.

ARCHITECTURAL PORTRAITS

RETRATOS ARQUITECTÓNICOS

M-2B

19°11'21.30" N, 100°5'18.34" W, 2,309 MASL
Valle de Bravo, Estado de México

UNIVERSITY OF THE ENVIRONMENT
UNIVERSIDAD DEL MEDIO AMBIENTE (UMA)

Project **Proyecto:** Oscar Hagerman + CANO VERA

The campus of the University of the Environment seeks to integrate the existing topography in two ways: on the one hand, the construction tries to disappear as far as possible, to blend in with the natural context through the use of coherent materials, in a composition of solids, voids and thresholds that recall the pre-Hispanic organization of space; on the other, the intervention in the landscape seeks to recover the forest that disappeared from this site and create a new, edible forest that alters the current environment over time.

El campus de la Universidad del Medio Ambiente (UMA) busca integrarse a la topografía "existente" de dos maneras: por un lado, la construcción intenta desaparecer en lo posible, mimetizarse con la naturaleza mediante el uso de materiales coherentes, en una composición de llenos, vacíos y umbrales que remite a las organizaciones espaciales prehispánicas; por el otro, la intervención en el paisaje busca recobrar el bosque que desapareció de este sitio y crear uno nuevo, comestible, que modifique el entorno actual a lo largo del tiempo.

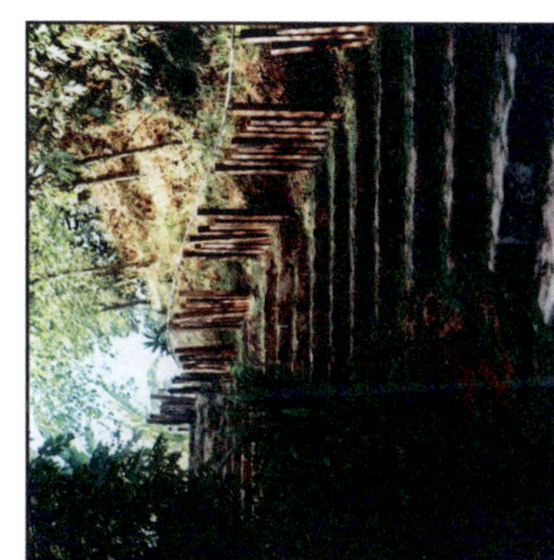

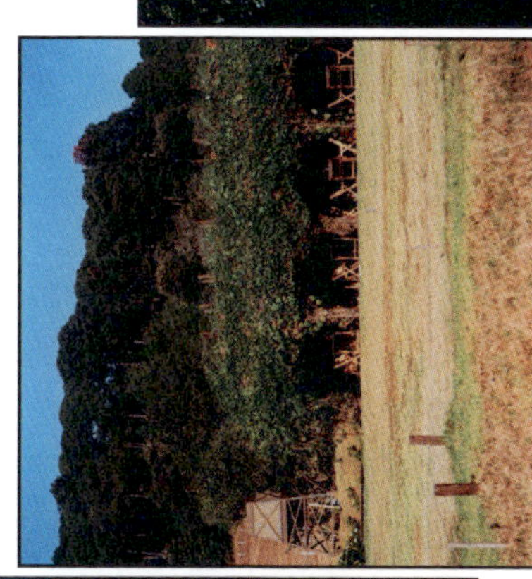

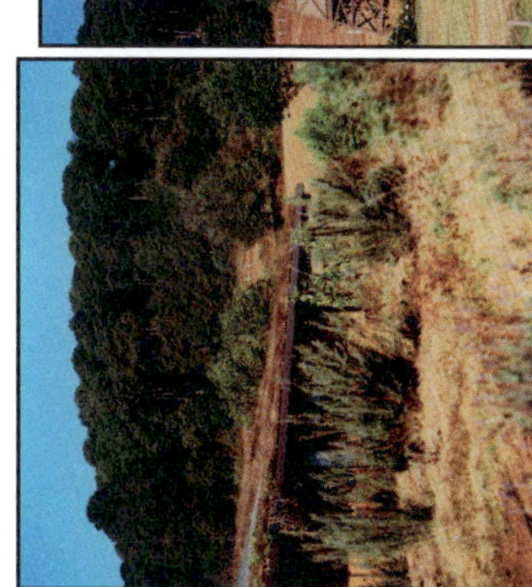

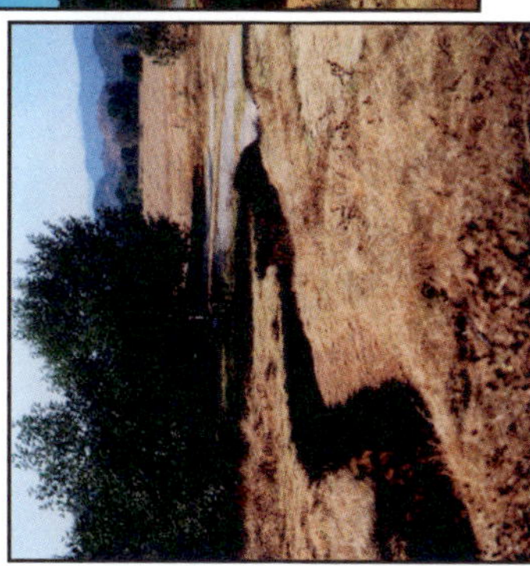

M-3A

20º 25' 25.14" N, 103° 33' 21.34" W, 1,559 MASL
Acatlán de Juárez, Jalisco

NOVASEM MEMORIAL
MEMORIAL NOVASEM

Project Proyecto: Alejandro Guerrero, Andrea Soto | ATELIER ARS

We are interested in funerary architecture because it makes it possible to perceive with greater clarity the physical manifestation of a human ritual. For our memorial project it was important to produce a landscape that conveyed the idea of sacred space, using spatial resources capable of generating a feeling of empathy in the viewer. The work that represents our project is a section with reliefs that communicate the possibility of relating the aerial and the underground—the world of the living and the dead—through the interaction of man with the surface of the earth.

Nos interesa la arquitectura funeraria porque en ella es posible percibir con mayor claridad la manifestación física de un ritual humano. Para nuestro proyecto de memorial era importante producir un paisaje que transmitiera la idea de espacio sagrado, mediante recursos espaciales capaces de generar un sentimiento de empatía en el espectador. La obra que representa nuestro proyecto es una sección cuyos relieves comunican la posibilidad de relacionar lo aéreo y lo subterráneo —el mundo de los vivos y el de los muertos— mediante la interacción del hombre con la superficie de la tierra.

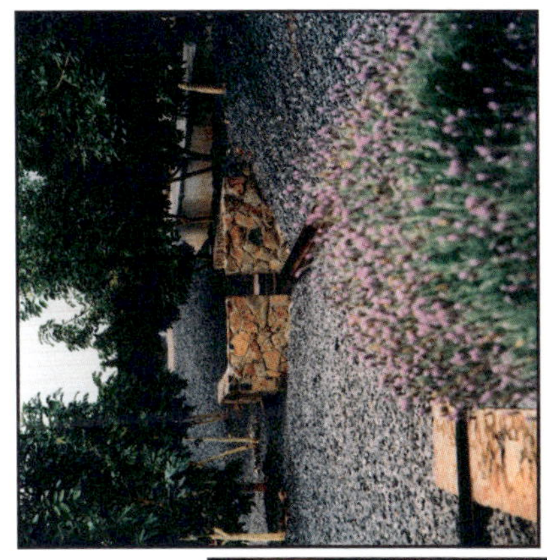
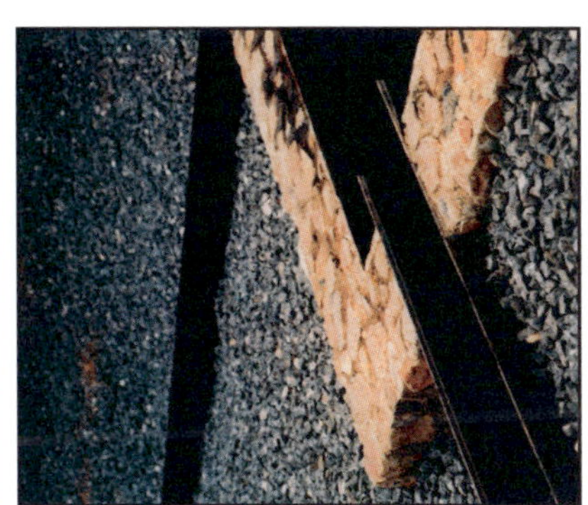
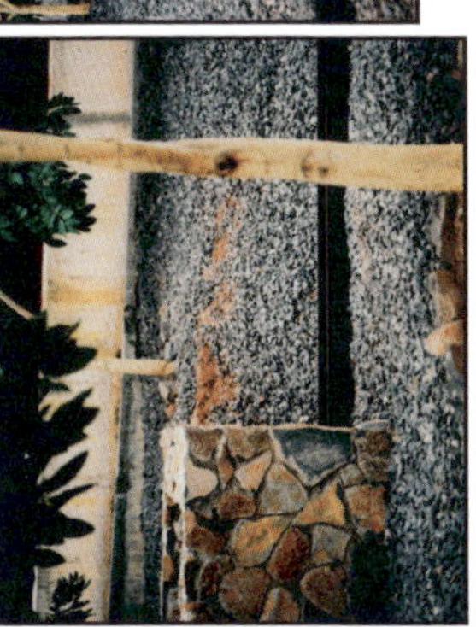
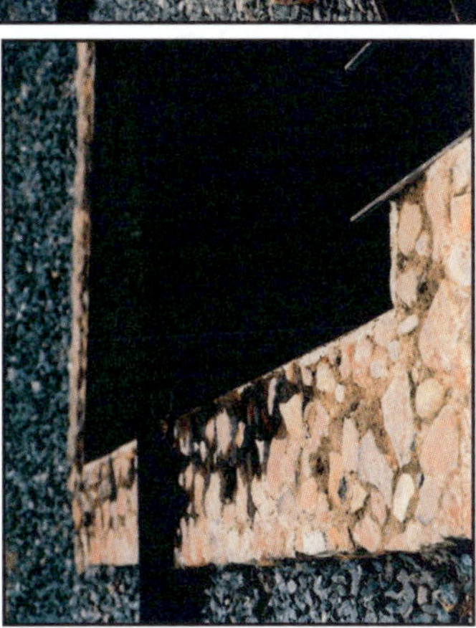
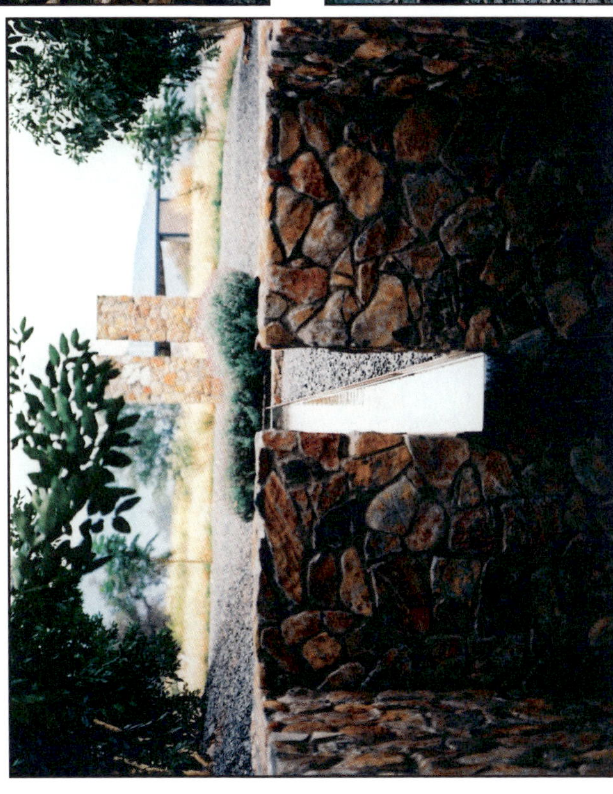

M-3B

16° 51' 30.36" N, 95° 31' 49.64" W, 982 MASL
Sierra Mixe, Oaxaca

SOCIAL RECONSTRUCTION OF THE HABITAT
RECONSTRUCCIÓN SOCIAL DEL HÁBITAT

Project **Proyecto:** Comunal: Taller de Arquitectura + Onnis Luque. In collaboration with **en colaboración con** Fundación Haciendas del Mundo Maya, A.C.

The strategy of the project arises from dissecting the community's geographical space and understanding the logic behind the forms of habitation, the vernacular construction systems and the way the territory is occupied. The analysis of its territorial ordering is based on the relationship between the adaptation of the built spaces to the geographic conditions of the site, the valuing of productive spaces and the community management of natural resources. Based on the understanding of the territory, it is possible to combine traditional and local knowledge to embark on the project to restore more than one hundred housing plots in the Sierra Mixe of Oaxaca.

La estrategia del proyecto surge de diseccionar el espacio geográfico de la comunidad y comprender las lógicas detrás de las formas de habitar, los sistemas constructivos de la vivienda vernácula y la ocupación del territorio. El análisis de su ordenamiento territorial se basa en la relación entre la adaptación de los espacios construidos a las condiciones geográficas del sitio, la valoración de los espacios productivos y el manejo comunitario de los recursos naturales. A partir del entendimiento territorial, se logra conjuntar los saberes tradicionales y locales para comenzar el proyecto de reconstrucción de más de cien solares en la Sierra Mixe de Oaxaca.

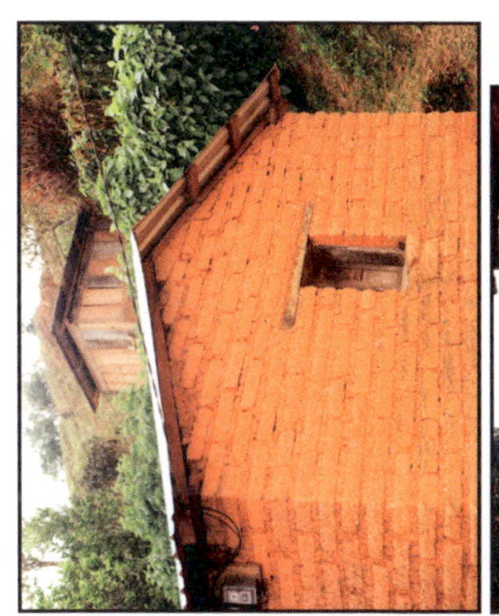
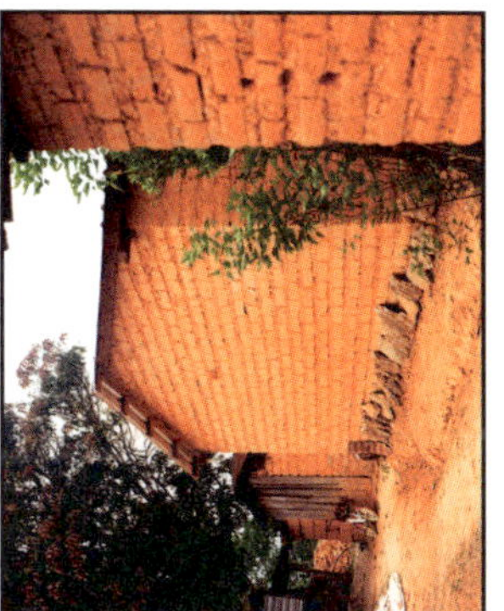
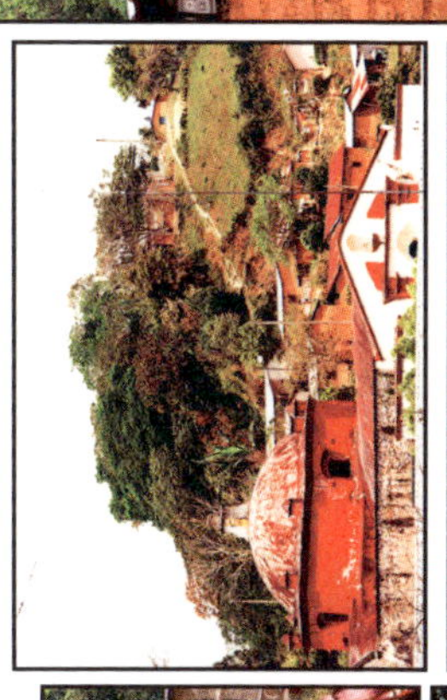
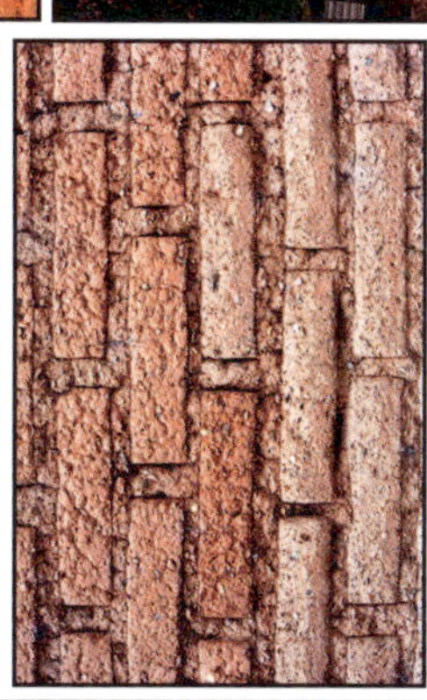
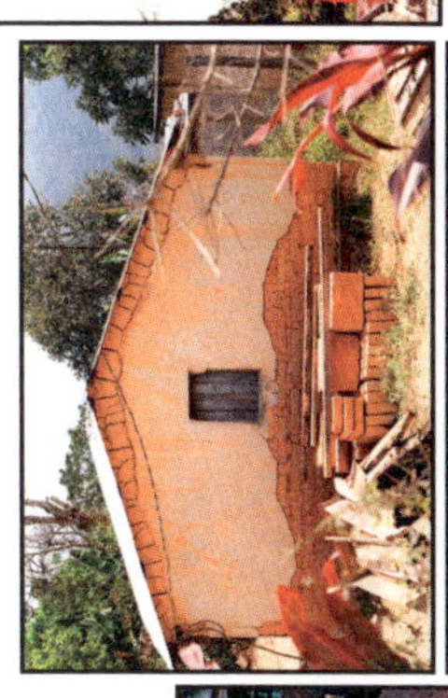
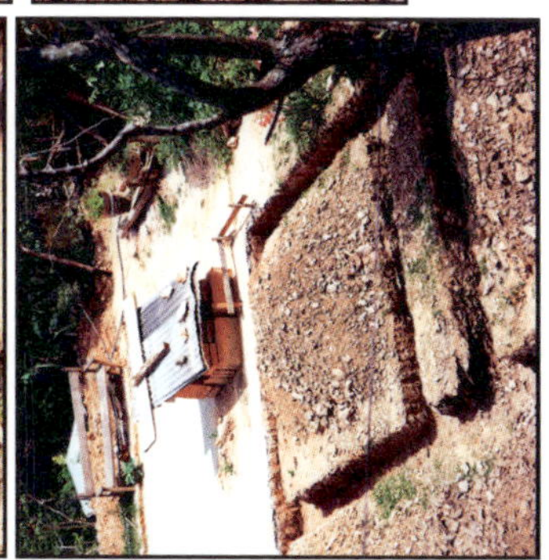
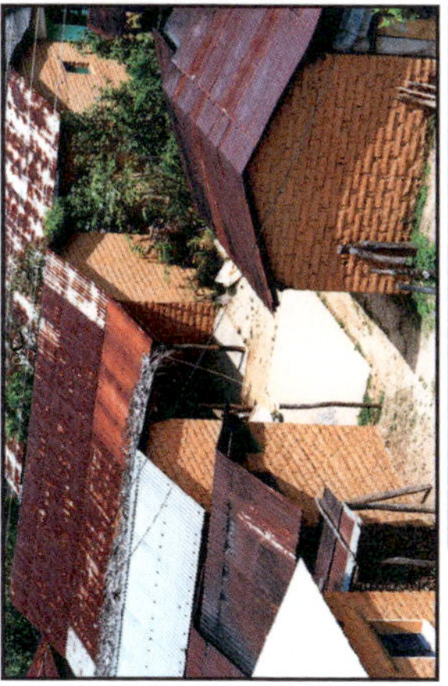
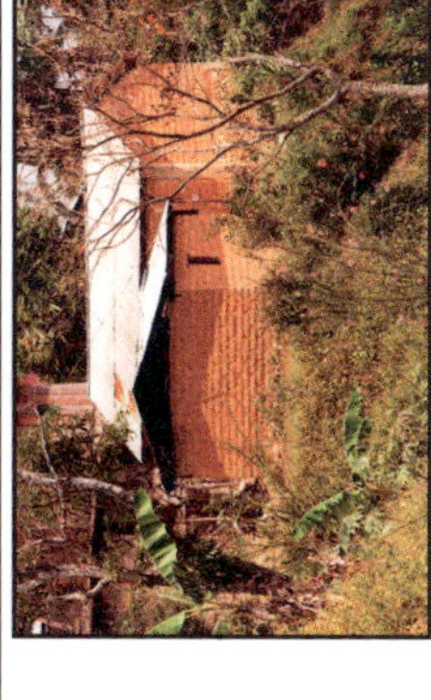

M-4A

18°55'50.81" N, 99°13'24.23" W 1,567 MASL
Cuernavaca, Morelos

TEOPANZOLCO CULTURAL CENTER
CENTRO CULTURAL TEOPANZOLCO

Project Proyecto: Isaac Broid + PRODUCTORA
(Carlos Bedoya, Wonne Ickx, Victor Jaime, Abel Perles)

The cultural center, located facing the Teopanzolco archaeological zone, proposes two strategies: to enhance the relationship with the archaeological site and to generate significant public space by connecting contemporary cultural activities with the presence of the past. The building is organized into two elements: the triangle and its plinth. The triangular volume houses the concert hall and the public program, with its roof forming a great stepped ramp which can function as an outdoor auditorium, with the archaeological site as a backdrop. The horizontal platform is a large plinth that resolves the entrances and creates diverse exterior spaces.

El centro cultural, localizado frente a la zona arqueológica Teopanzolco, plantea dos estrategias: potenciar la relación con el sitio arqueológico y generar espacio público significativo al conectar la vida cultural contemporánea con la presencia del pasado. El edificio se organiza en dos elementos: el triángulo y su basamento. El volumen triangular aloja la sala de conciertos y el programa público, su cubierta configura una gran rampa escalonada, que puede funcionar como auditorio al aire libre, con el sitio arqueológico de fondo. La plataforma horizontal es un gran basamento que resuelve los accesos y crea espacios exteriores diversos.

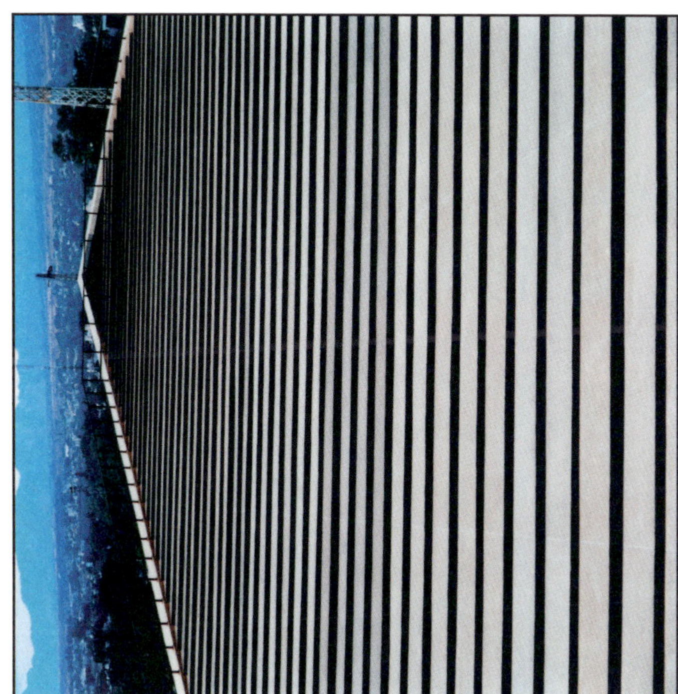
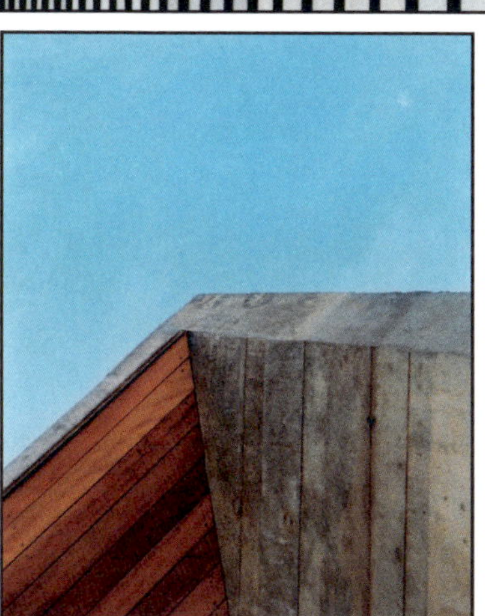
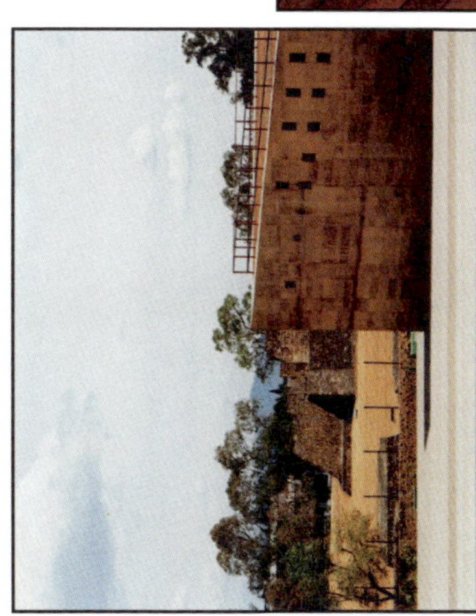
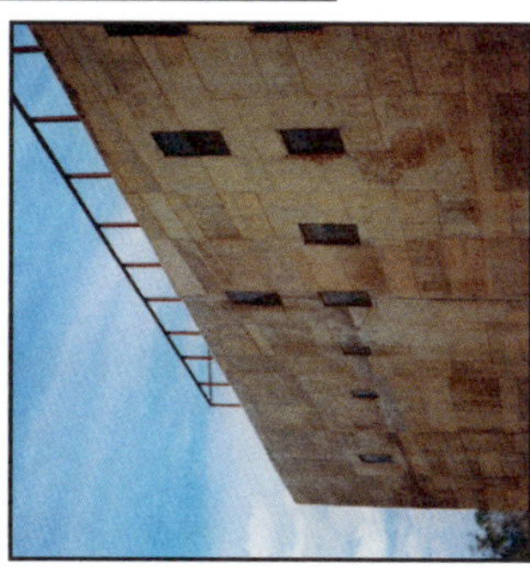

M-4B

19°10'17.84" N, 100°6'34.78" W, 1,905 MASL
Valle de Bravo, Estado de México

BETWEEN PINE TREES
ENTRE PINOS

Project **Proyecto:** Taller Héctor Barroso

This work emphasizes nature, topography and architecture. The two geographical elements are expressed in the texture and relief of the stone, while the void represents the architecture extracted from the site, which leaves a tangible imprint. That absence symbolizes an architecture that emerges from the subsoil, in which the earth remains embedded in its skin like a manifestation of the material character of the site.

La obra resalta la naturaleza, la topografía y la arquitectura. Los dos elementos geográficos se materializan en la textura y el relieve de la piedra, mientras el vacío representa la arquitectura extraída del lugar, que deja una huella tangible. Esa ausencia simboliza una arquitectura que emerge del subsuelo, en el que la tierra queda en su piel como materialidad manifiesta del sitio.

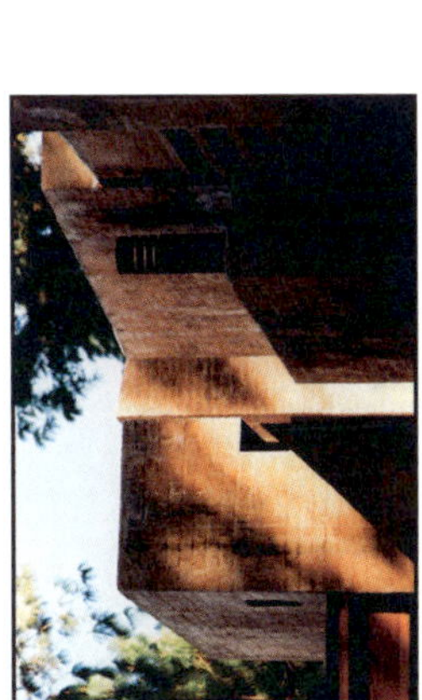
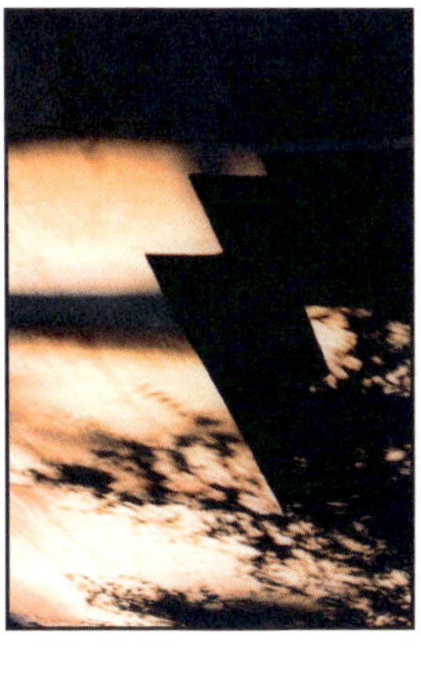
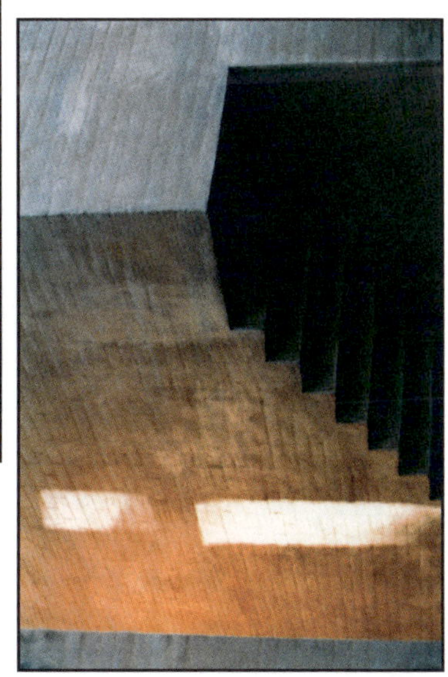
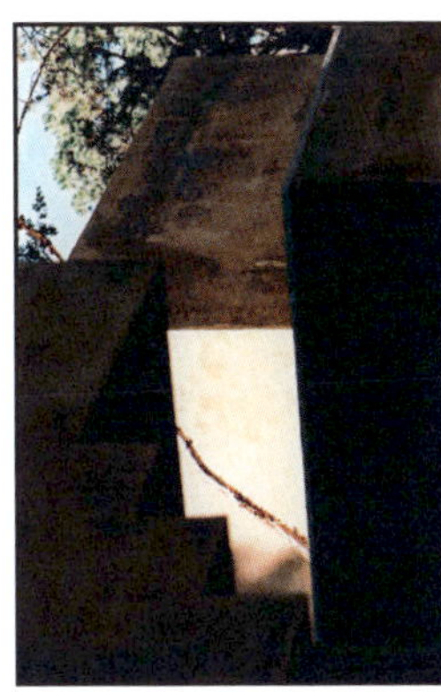
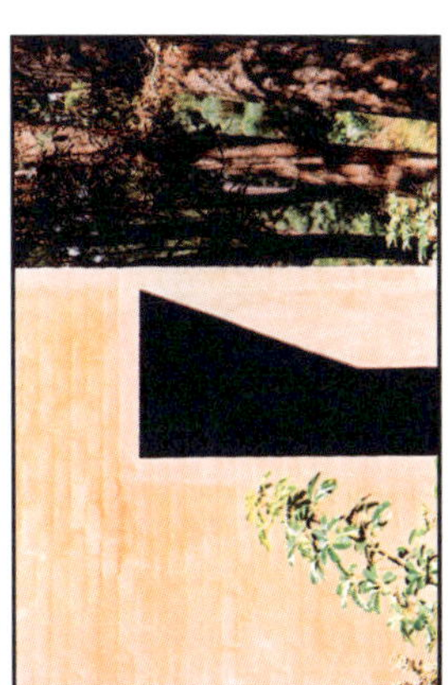
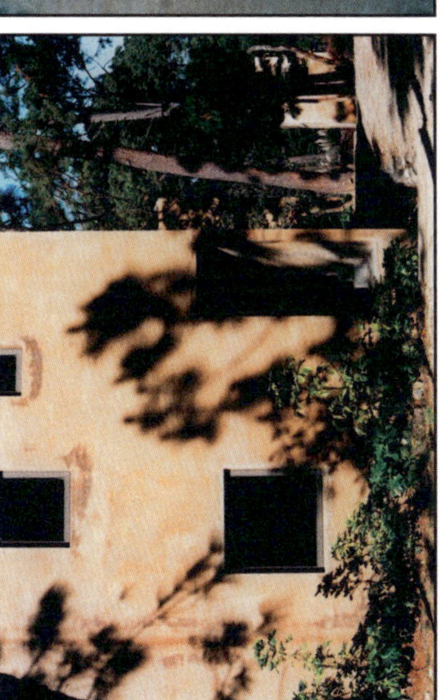

M-5B

21°10'32.74" N, 86°49'4.06" W, 3 MASL
Cancún, Quintana Roo

DONCELES

Project **Proyecto:** Juan Carral Arquitectura.
In collaboration with **en colaboración con**
O'H Abogados | Juan O'Gorman | Pablo Gutiérrez de la Peza

Donceles is an example of how people live in many places in our country. Abandoned housing, uncared-for public space, problems with public services and a social fabric that is damaged and forgotten. All this in a scenario of identikit, low density constructions. Our project is committed to architecture, by focusing on density and intensity in land use, being a tool for urban transformation with simple, replicable structures that invite new inhabitants to these areas, resolve commercial activities on the ground floor and activate their roofs to observe the landscape from another perspective. It is intended to blur the limits of private property and generate a sustainable social and economic project.

Donceles es una muestra de cómo se vive en muchos lugares de nuestro país. Vivienda abandonada, espacio público desatendido, problemas de servicios públicos y un tejido social lastimado, olvidado. Todo esto en un escenario de construcciones repetidas, de baja densidad. Nuestro proyecto apuesta a que la arquitectura, por medio de la densidad e intensidad en el uso de suelo, sea una herramienta de transformación urbana con estructuras sencillas, replicables, que inviten a nuevos habitantes a estas zonas, resuelvan actividades comerciales en planta baja y activen sus azoteas para ver el paisaje desde otro ángulo. Se pretende borrar los límites de la propiedad privada y generar un proyecto social y económico sustentable.

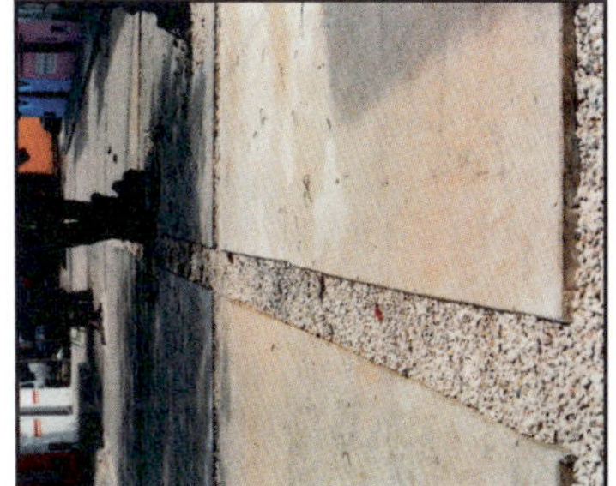
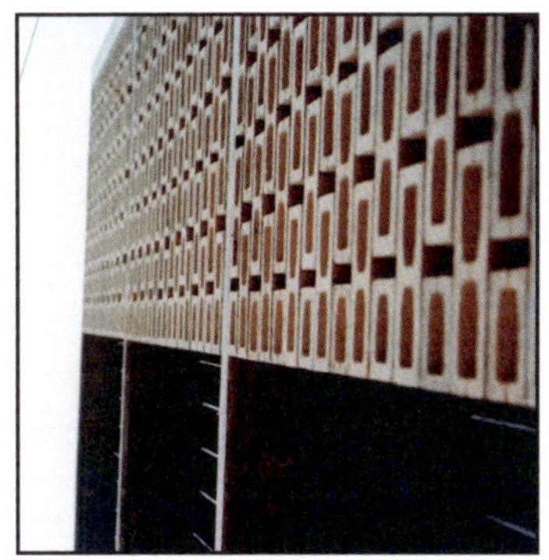
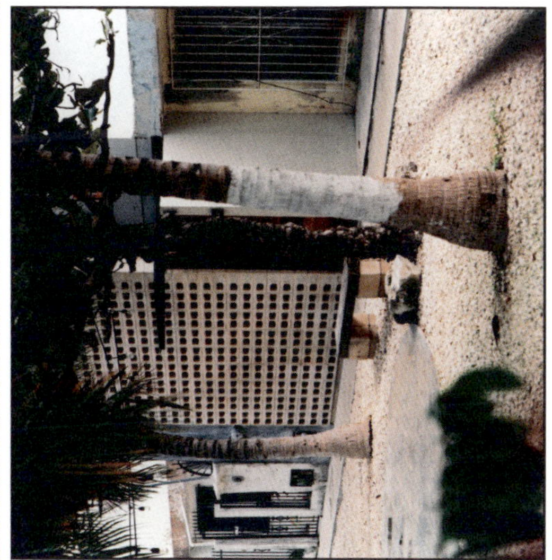
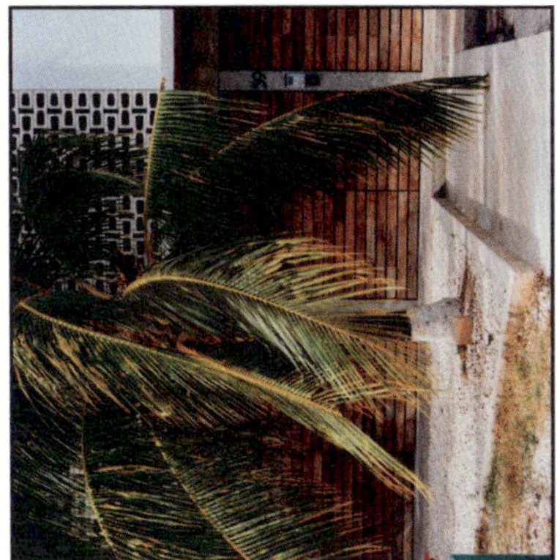
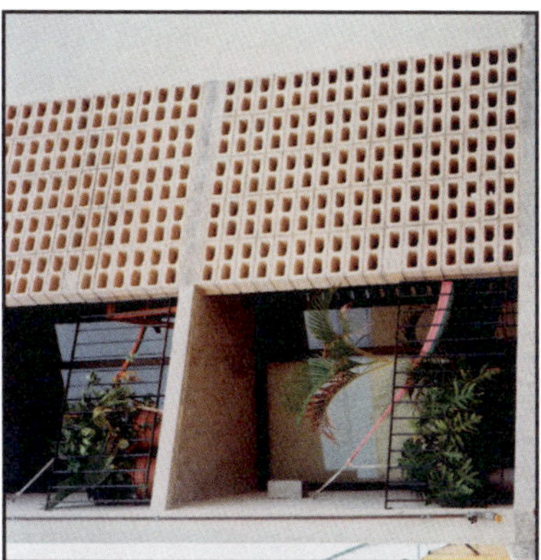
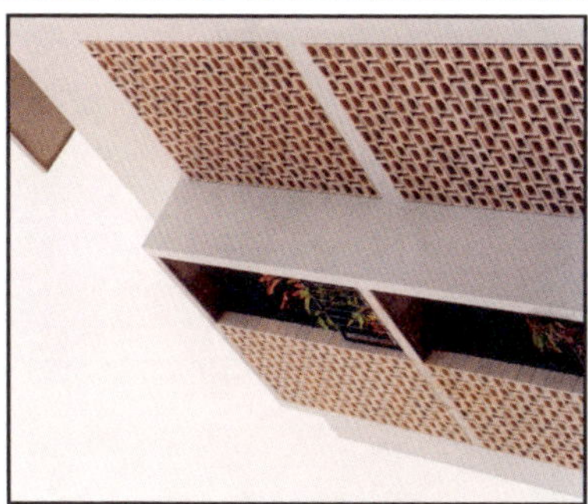

M-6B

31° 42' 48.11" N, 106° 31' 6.89" W, 1,237 MASL
Ciudad Juárez, Chihuahua

PINOLE CHURCH
IGLESIA DEL PINOLE

Project **Proyecto:** Carlos González Lobo + María Eugenia Hurtado

This work emphasizes a built architectural object: on a terrain, a spatial system that houses and enables a habitable activity and organized geometrically for its stable and durable construction. The product is adjusted and written as text between a context and a pretext, in its pre-existing natural and cultural context, and its genetic and inevitable pretext. Significant expression of a subtext for the users' enjoyment and transcendence of the active cultural agent: the designer.

Esta obra resalta un objeto arquitectónico edilicio: sobre un terreno, sistema espacial que alberga y posibilita una actividad habitable y organizada de manera geométrica para su construcción estable y duradera.
El producto se ajusta y redacta como texto situado entre un contexto y un pretexto, en su contexto preexistente natural y cultural, y su pretexto genésico e inevitable. Expresión significativa de un subtexto para el goce de los usuarios y trascendencia del agente cultural activo: el proyectista.

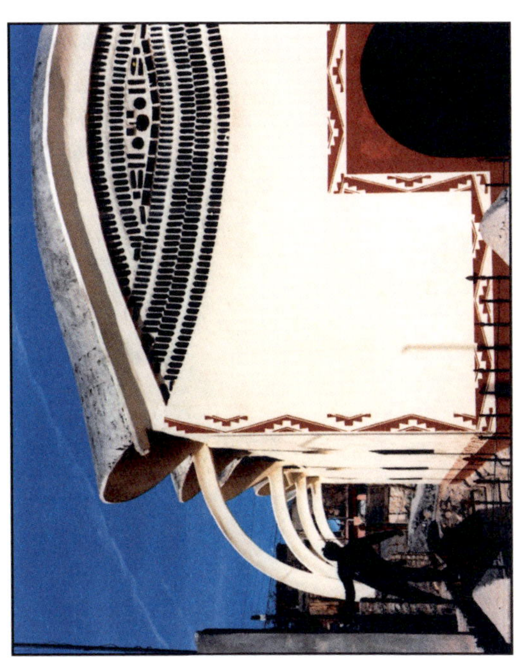
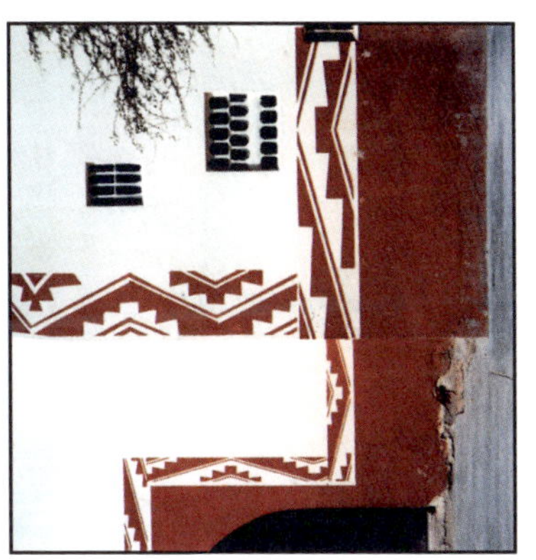
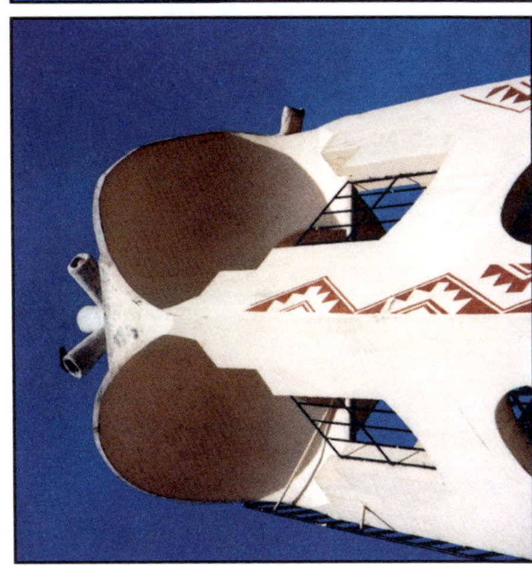
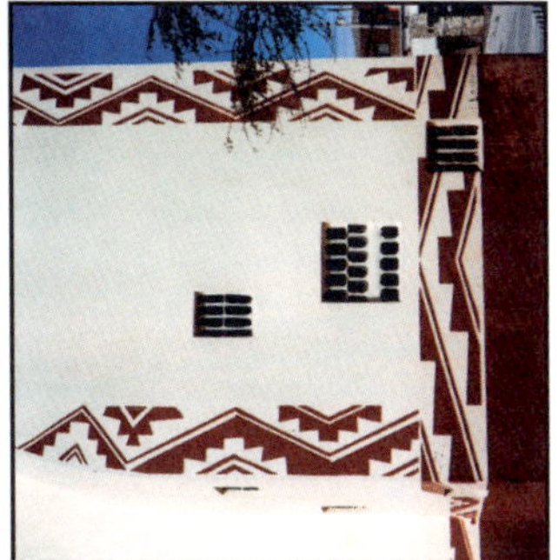
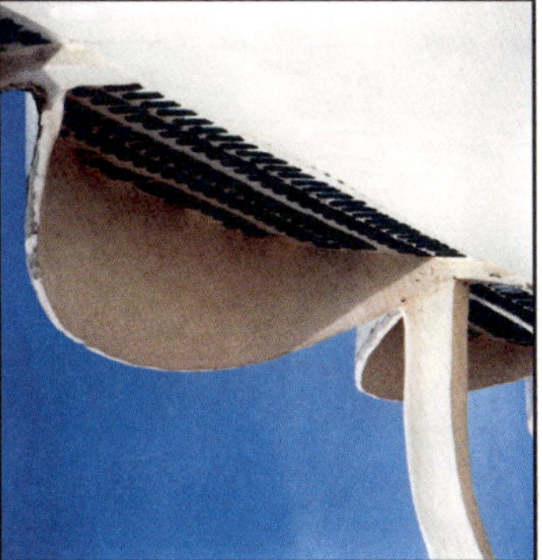

M-7A

19°0'45.43" N, 98°10'7.18" W, 2,194 MASL
Puebla, Puebla

PUEBLA EQUESTRIAN
ECUESTRE PUEBLA

Project **Proyecto:** Manuel Cervantes Céspedes

The way in which we approach each commission is expressed in the analysis, which connects the earth, space and the surroundings in the vertical and horizontal dimensions. The way that we work with the topography and deal with the atmosphere allows us to imagine the space and visualize the ideal tectonics for the region, its culture, economy and society. There is a kind of crust between the topography and the sky, a space that we inhabit and imagine, an envelope that protects us and in which we unfold our relationships, a place where we create our history.

La forma en la que enfrentamos cada encargo se manifiesta en el análisis que relaciona de forma pragmática en vertical y horizontal la tierra, el espacio y el contexto. Cómo trabajamos la topografía y atendemos la atmósfera, nos permite imaginar el espacio y visualizar siempre la tectónica ideal para la región, su cultura, economía y sociedad. Existe una corteza que vive entre la topografía y el cielo, un espacio que habitamos e imaginamos, esa envolvente que nos protege y en la que normalmente nos relacionamos, un lugar donde creamos nuestra historia.

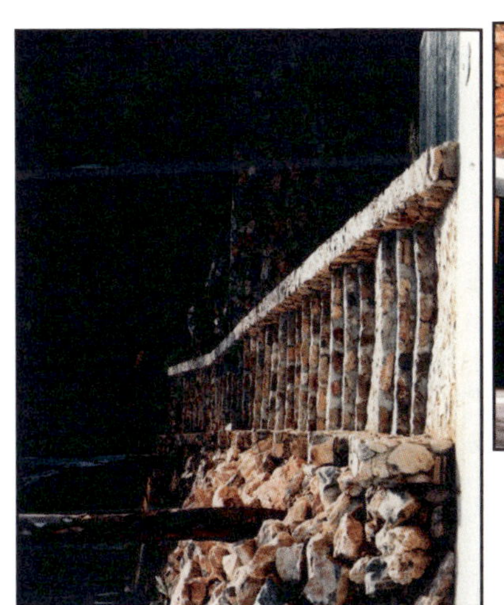
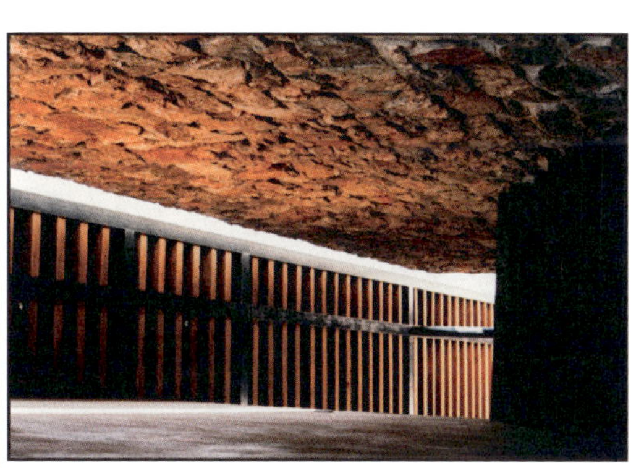
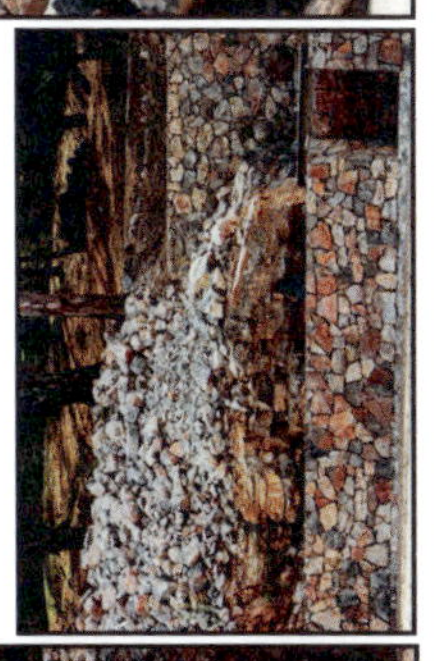
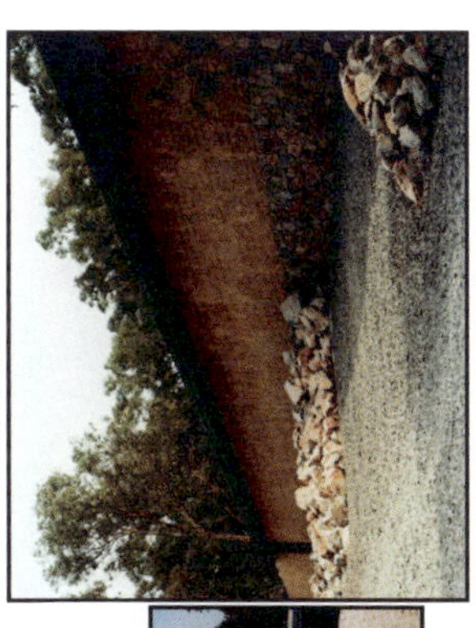
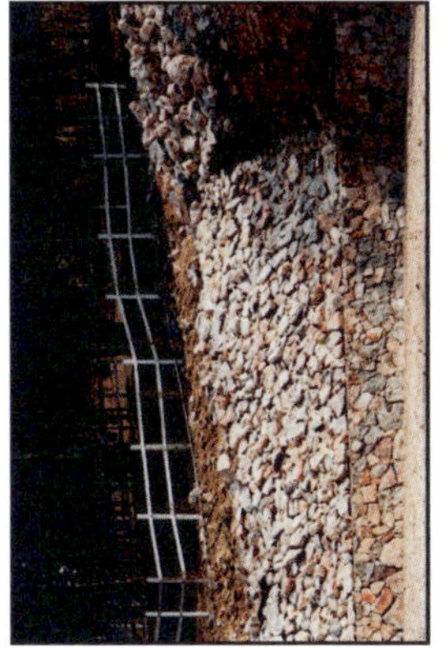
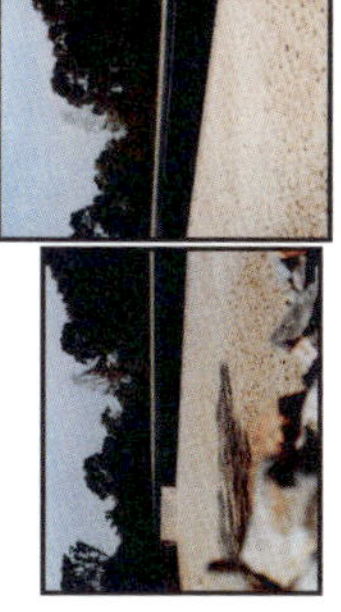

M-7B

18° 55' 23.32" N, 99° 13' 49.99" W, 1,519 MASL
Cuernavaca, Morelos

JUAN SORIANO CULTURAL CENTER AND MUSEUM
CENTRO CULTURAL Y MUSEO JUAN SORIANO

Project **Proyecto:** JSª | Javier Sánchez + Aisha Ballesteros

This work represents the story of our project, as an addition to the city of Cuernavaca. A space that invites nearby and distant inhabitants alike to walk through it, traverse it and experience it, not as a private garden, but as a great urban route that, as Michel de Certau reminds us, must know how to open up to incoming and outgoing flows, be the site of a continuous circulation, make its route a willingness to meet objects, people, experiences, words and ideas.

Esta obra representa el relato de nuestro proyecto, como una adición a la ciudad de Cuernavaca. Un espacio que invita a los habitantes cercanos y lejanos a recorrerlo, atravesarlo y vivirlo, no como un jardín privado, sino como un gran paseo urbano que, nos recuerda Michel de Certau, debe saber abrirse a flujos entrantes y salientes, ser el lugar de paso de una circulación continua, hacer de su recorrido una disposición al encuentro de objetos, gente, experiencias, palabras e ideas.

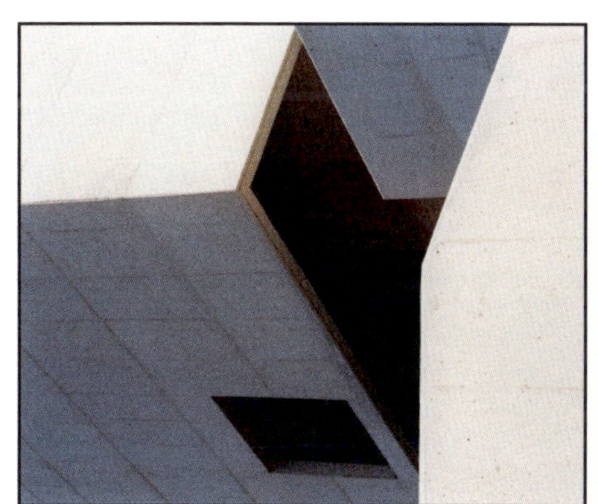

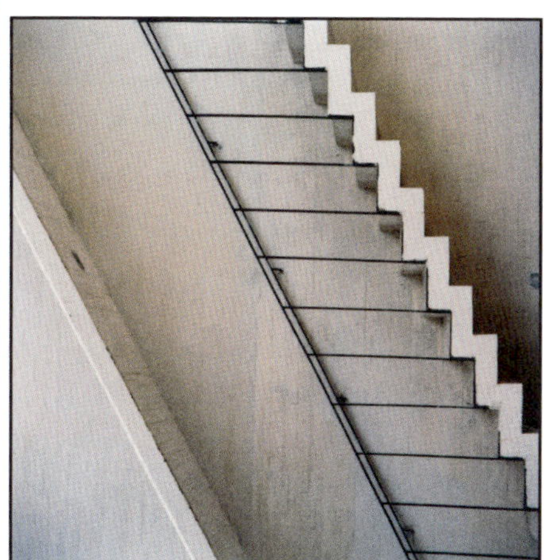

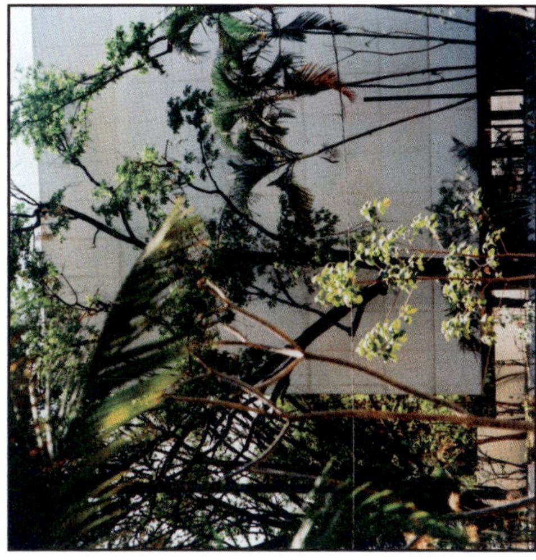

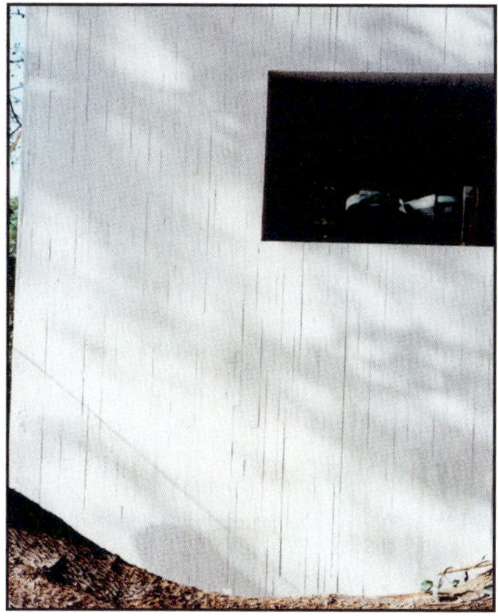

M-8A

21°31'36.47" N, 87°22'26.23" W, 2 MASL
Holbox, Quintana Roo

PUNTA CALIZA HOTEL
HOTEL PUNTA CALIZA

Project **Proyecto:** Estudio Macías Peredo

Imagine thinking of flooded cities and buildings more as a playful experience than as a catastrophe. The most abundant material is water and its liquid condition, as a mass that can be transferred, draws new boundaries, makes possible connections and creates opportunities. Fill the void without forming an obstacle, facilitate other ways of relating to space. Flooding the patio and part of the site isolates and connects the uses of this small hotel in unconventional ways.

Pensemos en las arquitecturas y ciudades inundadas más como una experiencia lúdica que como una catástrofe. El material abundante es el agua y su condición líquida, masa que puede traspasarse, dibuja nuevos límites, posibilita conexiones y construye oportunidades. Llenar el vacío sin obstaculizarlo, facilitar otras maneras de relacionarnos con el espacio. Inundar el patio y parte del solar aísla y conecta de modo poco convencional el uso de este pequeño hotel.

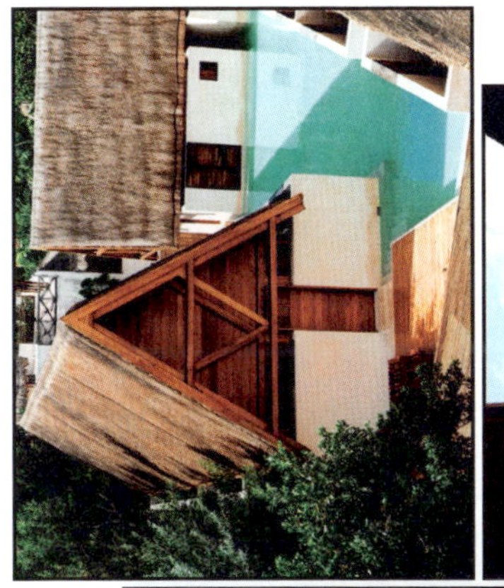
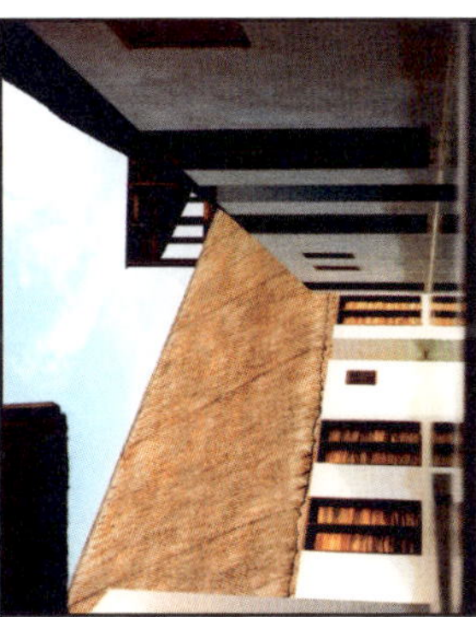
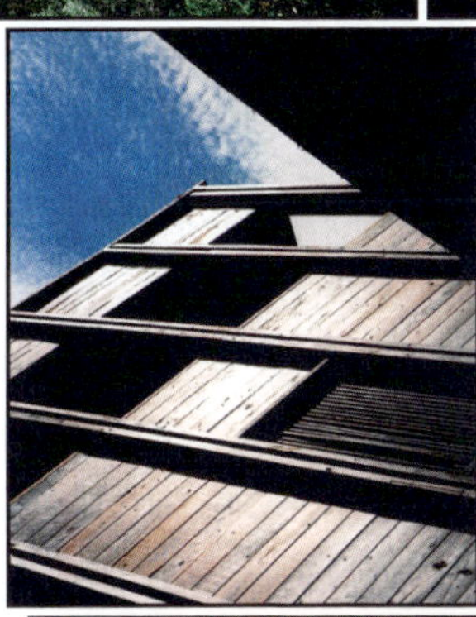
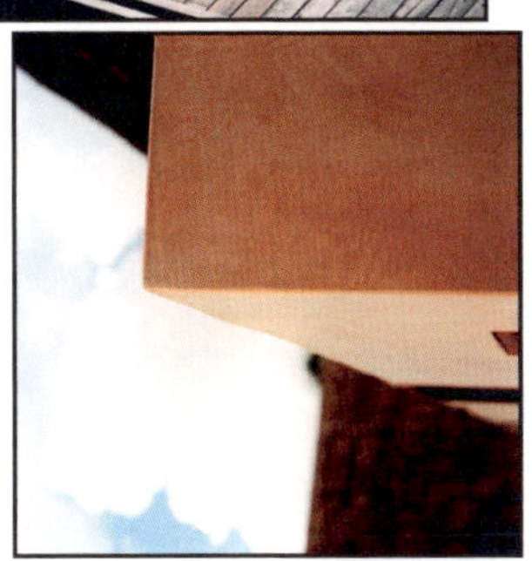
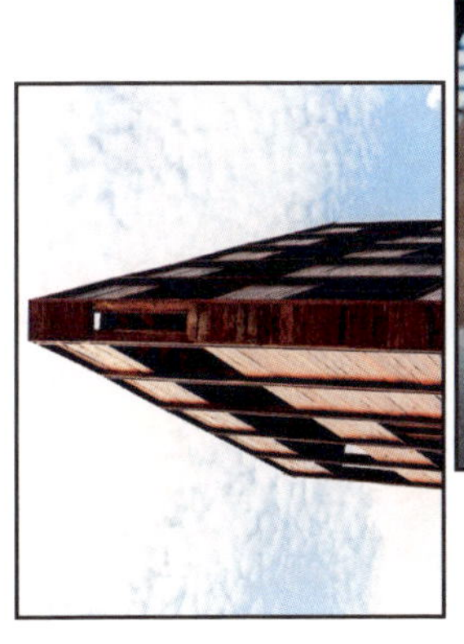
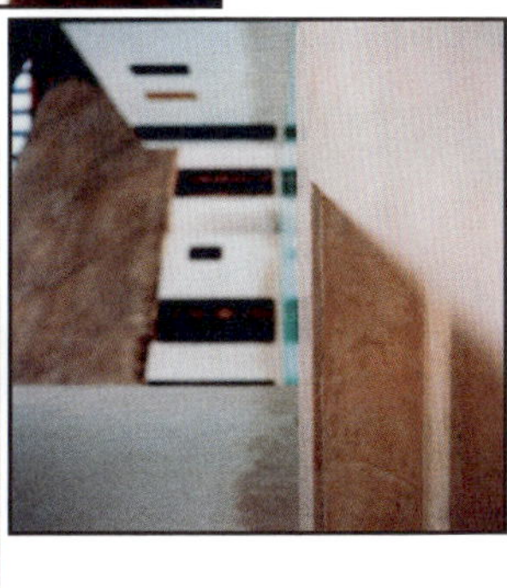

M-8B

19°3'20.99" N, 98°11'19.98" W, 2,224 MASL
Puebla, Puebla

EMBLEMATIC MONUMENT FOR THE 150th ANNIVERSARY OF THE BATTLE OF PUEBLA
MONUMENTO EMBLEMÁTICO POR EL 150 ANIVERSARIO DE LA BATALLA DE PUEBLA

Project Proyecto: Enrique Norten | TEN Arquitectos

The monument transcends the notion of the urban landmark or sculptural object as a historical reference to an event of national significance. It is located on an esplanade northeast of the Historic Center of the city of Puebla. Through a sculptural gesture, it seeks to promote coexistence in the interstices that emerge from the premeditated elevation of the site. The representation of the plaza in the piece of stone responds directly to this condition and emphasizes the intention of a surface that rises, turns to see the historical context, and is integrated into it.

El monumento trasciende la noción del hito urbano u objeto escultórico como referencia histórica de un acontecimiento de carácter nacional. Se ubica en una explanada al noreste del Centro Histórico de Puebla. Mediante un gesto escultórico, busca impulsar la convivencia en los intersticios que surgen de la elevación premeditada del sitio. La representación de la plaza en la pieza de piedra responde de manera directa a esta condición y pone énfasis en la intención de una superficie que se eleva, voltea a ver el contexto histórico y se integra a él.

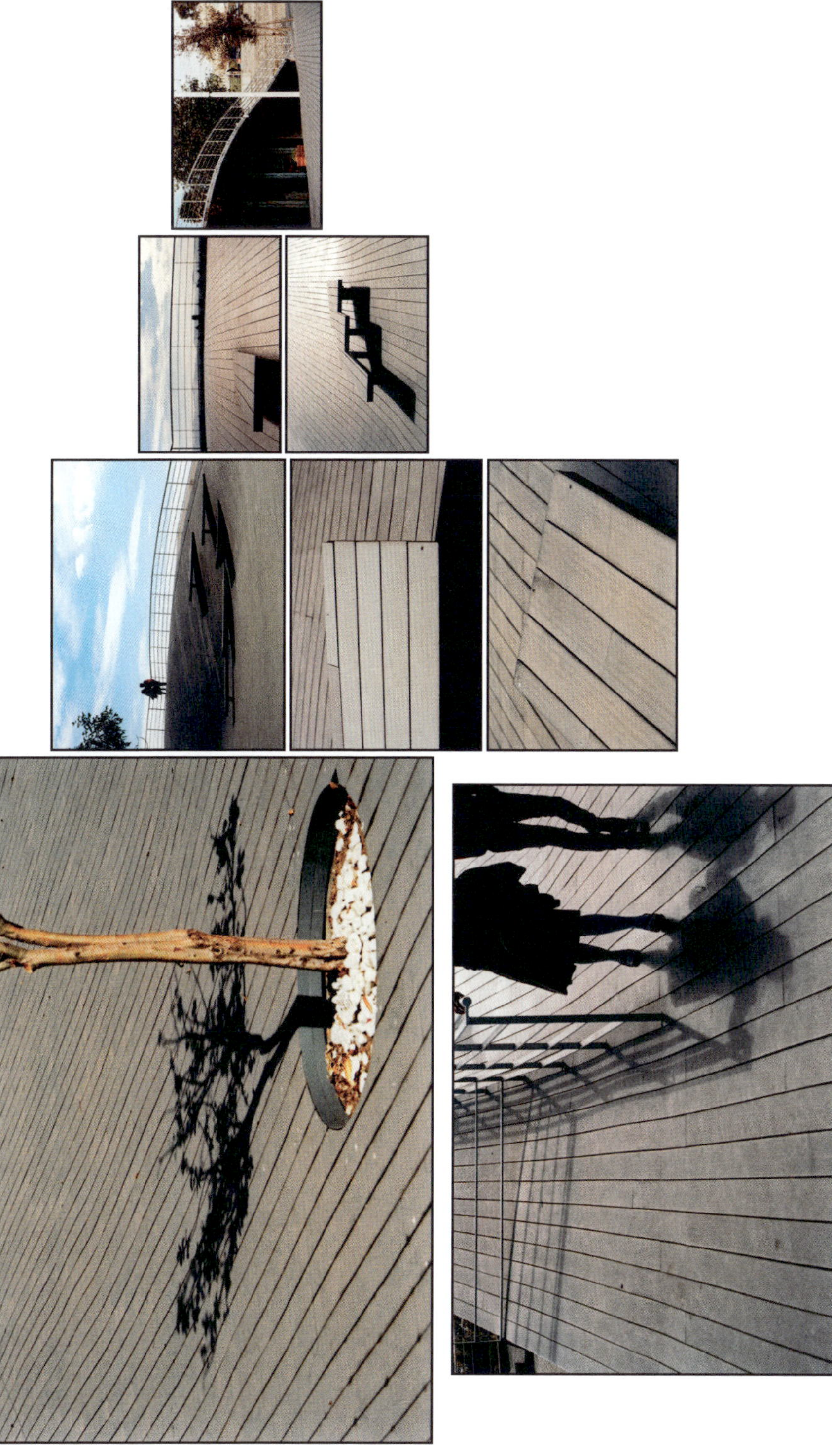

M-9A

19° 3' 30.57" N, 98° 18' 0.70" W, 2,163 MASL
Cholula, Puebla

CHOLULA MUSEUM
MUSEO CHOLULA

Project Proyecto: Taller 6A | Alejandro Sánchez García, Mariza Flores Pacheco

Expressing built space with emptiness, it enunciates how the landscape not only reverberates in courtyards, paths and open spatialities, but also generates dissonances with buildings and makes them evident, establishing an indissoluble bond. Cholula, occupied continuously for more than two thousand years, is born from the earth, the material used in its great pyramid and in the renovated building. Thus, adobe and brick become platforms, courtyard or roofs, as pauses, sequences or reverberations of the natural element.

Expresar lo construido con vacío, enuncia cómo el paisaje no sólo reverbera en patios, recorridos y espacialidades abiertas sino también genera disonancias con lo edificado y las hace evidentes, lo que establece un lazo indisoluble. Cholula, ocupada sin interrupción desde hace más de 2 mil años, nace de la tierra, material usado en la pirámide y en el edificio intervenido. Así, el adobe y el tabique se transforman en plataformas, patios o cubiertas, como pausas, secuencias o reverberaciones de lo natural.

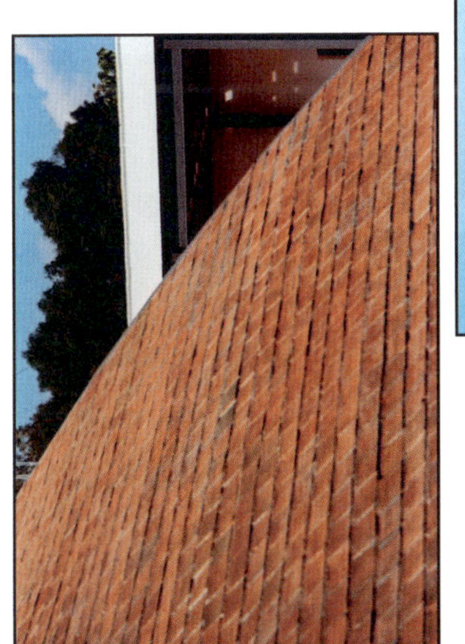
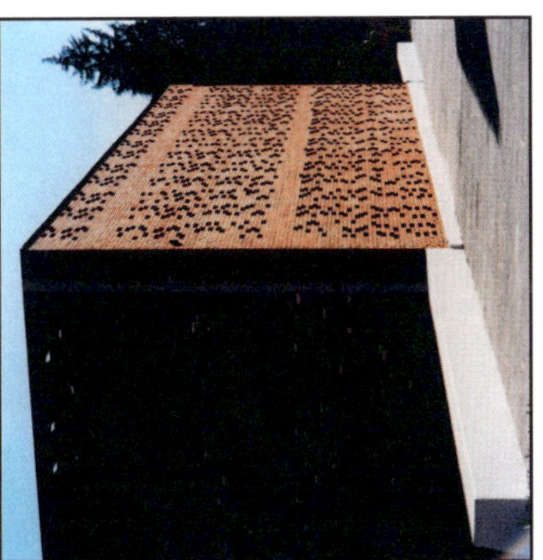
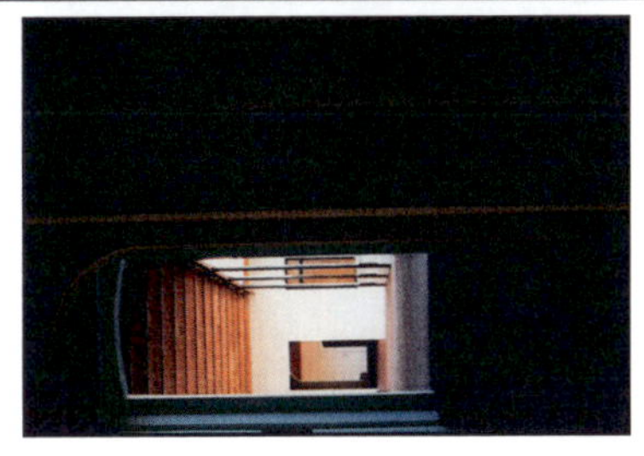
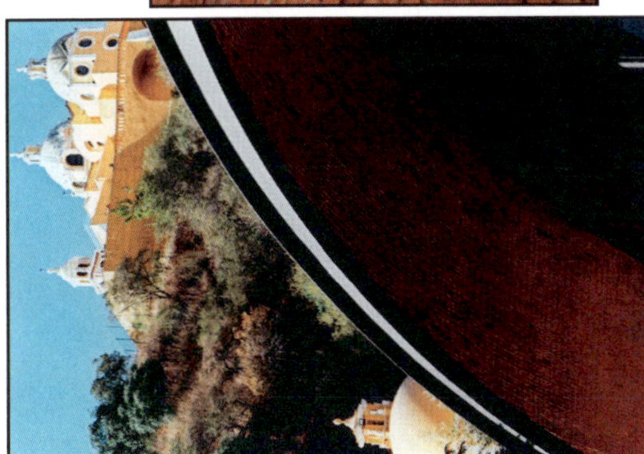
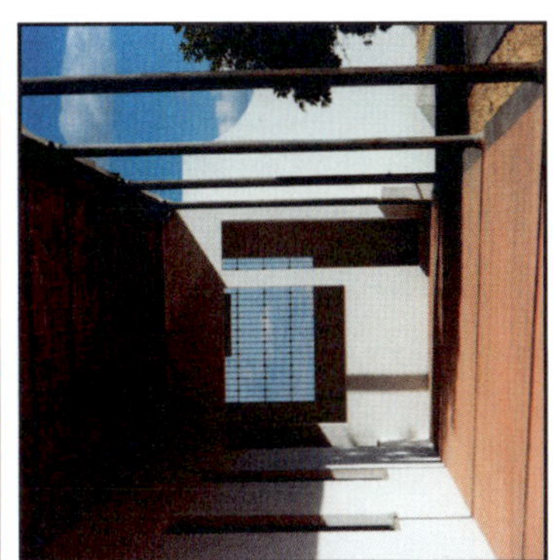
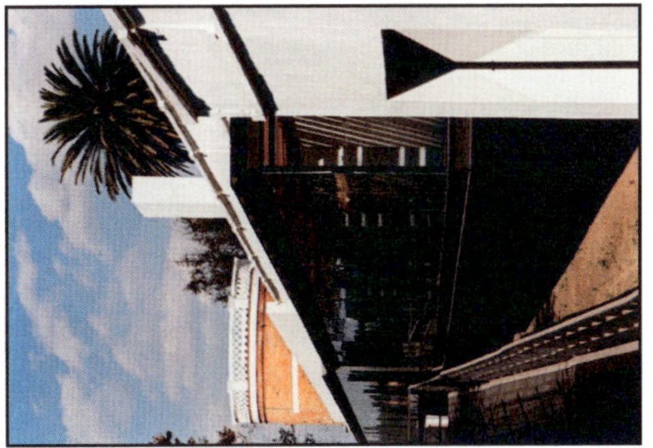

M-10B

25° 34' 34.94" N, 100° 25' 7.09" W, 526 MASL
Monterrey, Nuevo León

VIEWPOINTS
MIRADORES

Project **Proyecto:** S-AR

This abstraction represents the two volumes that form the viewpoints. Two similar spaces are inscribed in two almost identical rectangular perimeters, one slightly larger, perforated in the stone. Similar spaces with complementary programs: a meeting and contemplation space, represented by a circle inside a small rectangle, and a resting place, embodied in a bar within a larger rectangle. The circle and the bar are representations of the furnishings placed in each viewpoint: a circular fireplace and a rectangular bench, understood as the singular inhabitants of two types of islands, inscribed in the perimeters.

Esta abstracción representa los dos volúmenes que conforman los miradores. Dos espacios semejantes, inscritos en dos perímetros rectangulares casi idénticos, uno ligeramente más grande, perforados en la piedra. Espacios similares con programas complementarios: un espacio de reunión y contemplación, representado con un círculo dentro de un rectángulo pequeño, y un lugar de descanso, corporeizado en una barra dentro de un rectángulo más grande. El círculo y la barra son figuraciones del mobiliario colocado en cada mirador: un fogatero circular y una banca rectangular, entendidos como los habitantes singulares de dos especies de islas, inscritas en los perímetros.

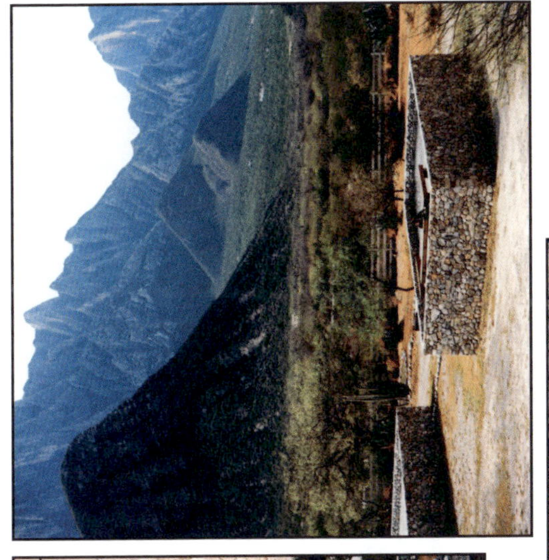
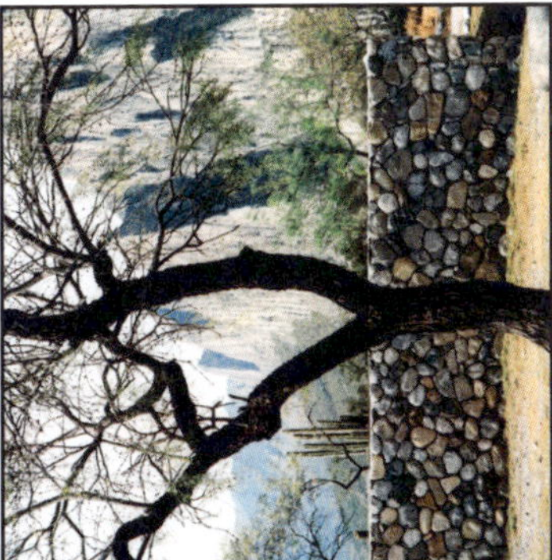
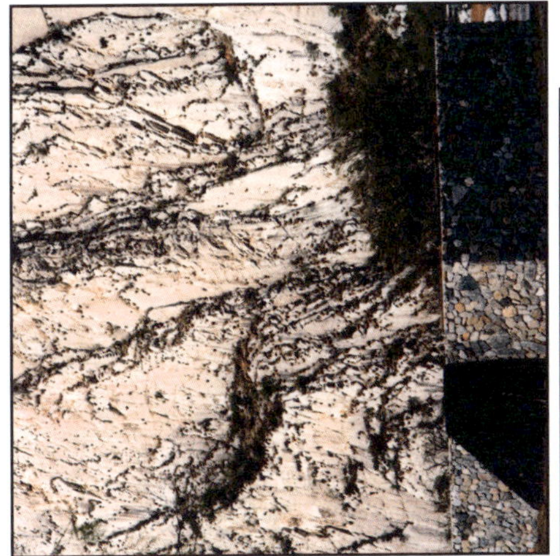
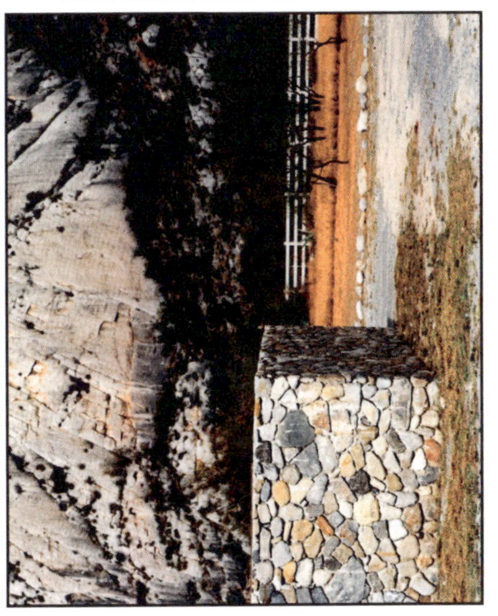
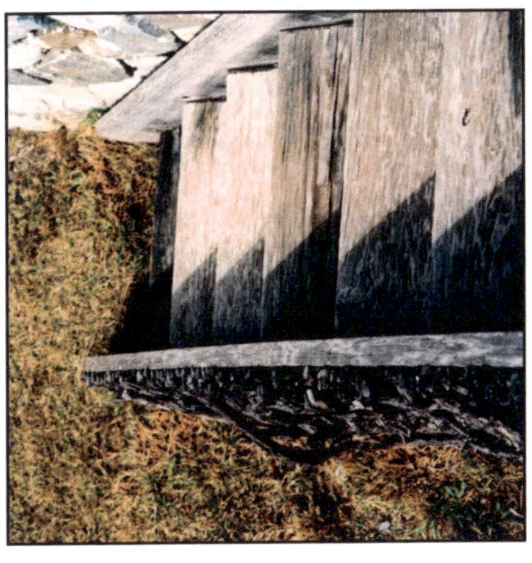
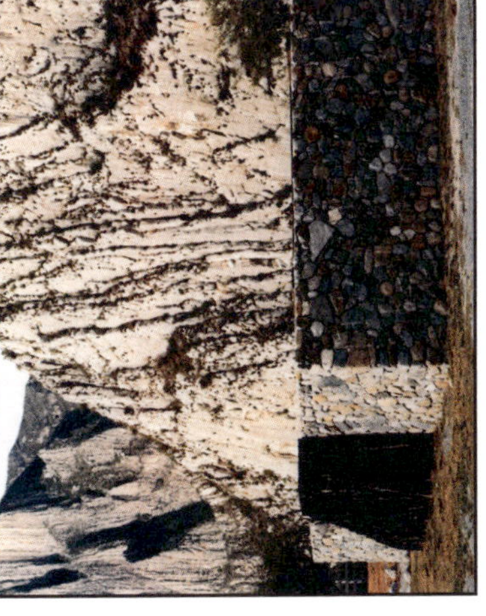

M-11A 19°19'55.09"N, 99°11'31.19"W, 2,285 MASL
University City, Mexico City

CU BORDERS
BORDES CU

Project **Proyecto:** Estudio MMX

Seven kilometers of walls and fences separate the University City (CU) campus from its surroundings, which suspend all possible interactions between an institution that is home to privileged facilities and the shortcomings or excesses of the actors that surround it. The University moved its faculties from the Historic Center of Mexico City to CU in 1954. It embraced a modern and suburban vision that defined it as a satellite within an ecological reserve, without planning how the city would deal with its boundaries. The conception of a border that surrounds it through open spaces, streets, amenities, public spaces, retail and transport would define an exemplary way to deal with similar cases throughout our territory.

Siete kilómetros de bardas y rejas separan la Ciudad Universitaria (CU) de su entorno, lo que congela las posibles interacciones entre una institución con instalaciones privilegiadas y las carencias o los excesos de los actores que la rodean. La Universidad Nacional Autónoma de México (UNAM) mudó sus aulas del Centro Histórico de la Ciudad de México a CU en 1954. Abrazó una visión moderna y suburbana que la definía como un satélite dentro de una reserva ecológica, sin planificar el acercamiento de la ciudad hacia sus límites. La concepción de una frontera que la rodee a través de espacios abiertos, calles, equipamientos, espacios públicos, comercios y transportes, definiría una manera ejemplar para tratar casos similares a lo largo de nuestro territorio.

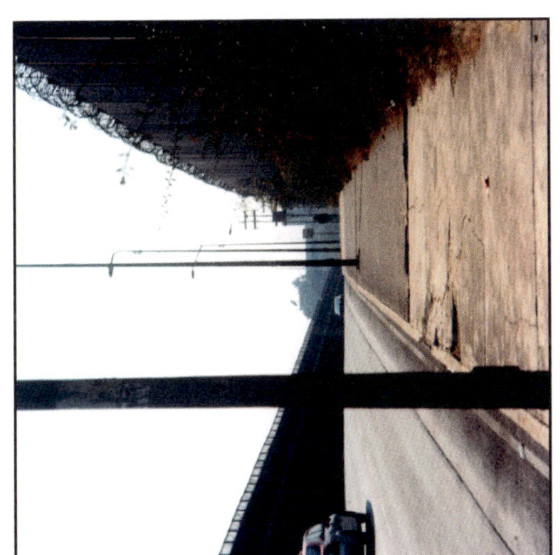

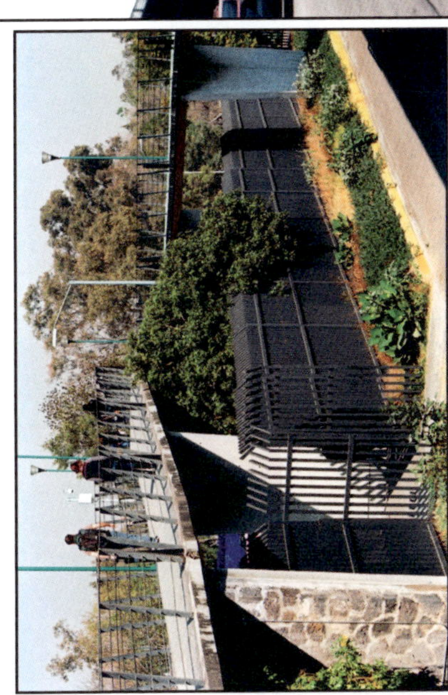

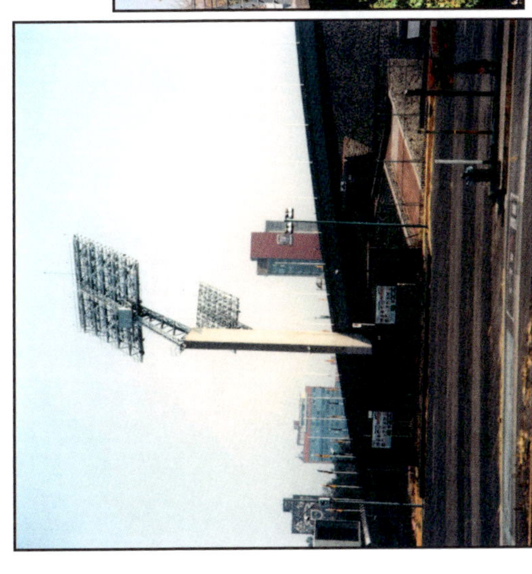

M-11B

19°31'54.49"N, 101°32'58.95"W, 2,162 MASL
Pátzcuaro, Michoacán

ORAL-CRIMINAL COURT
JUZGADOS ORAL PENAL

Project **Proyecto:** Taller | Mauricio Rocha + Gabriela Carrillo

Stone that is excavated in the landscape that is home to the *yacatas* of Michoacan. A negative of the valley that gazes on Cuitzeo and gazes at itself, product of its programmatic essence, which creates a new horizon to the mountains. Inside, a perfect and virtual grid is built of the same proportion of solid and void, naturally breaking down the boundaries of inside and outside, positive and negative. This allows, above all, the transversal transparency of the stepped space with rhythm, reflection, light and shadow, the interpretation of a new form of justice in Mexico through the space that contains it.

Piedra que se excava en el paisaje que alberga las yácatas michoacanas. Negativo del valle que mira a Cuitzeo y se mira a sí mismo, producto de su esencia programática, que crea un nuevo horizonte a las montañas. En su interior, una retícula perfecta y virtual se construye de la misma proporción de masa y vacío, para romper de manera natural los límites, el adentro y el afuera, positivos y negativos. Esto permite, ante todo, la transparencia transversal del espacio escalonado con ritmo, reflejo, luz y sombra, la lectura de una nueva justicia en México por medio del espacio que la contiene.

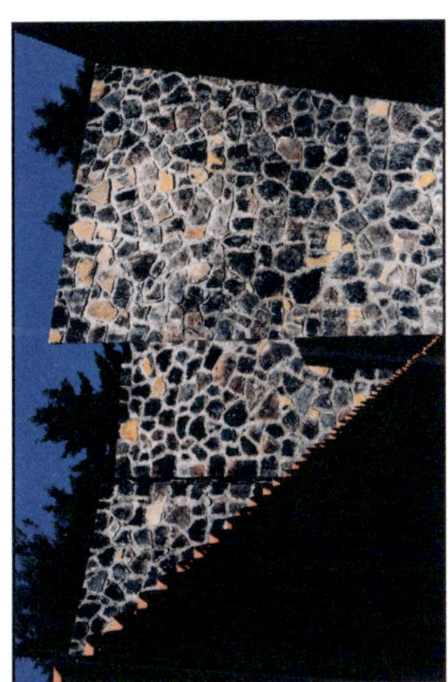

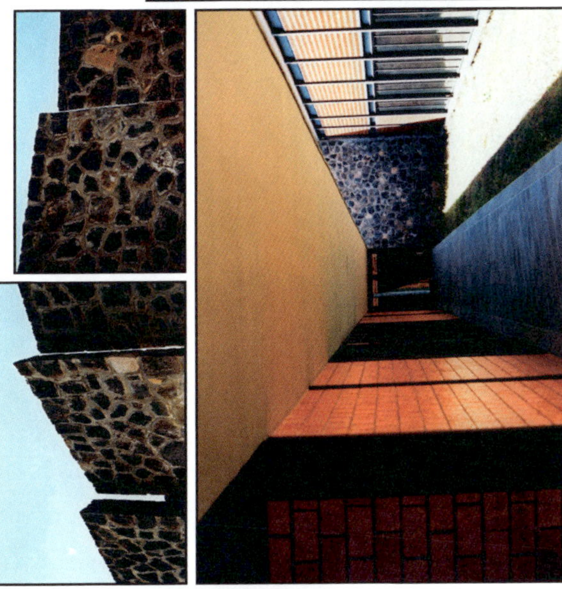

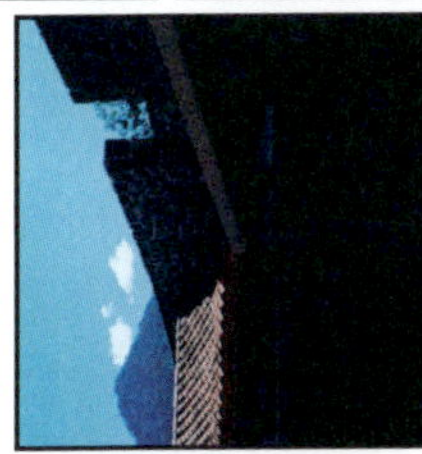

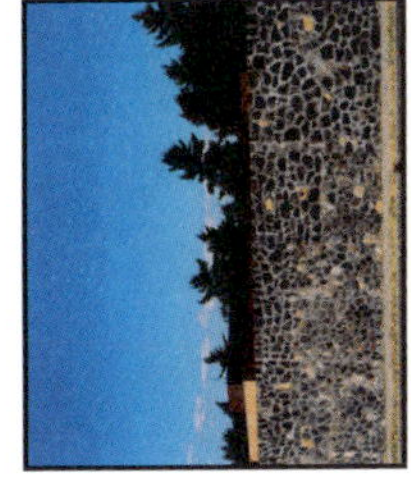

M-12A

20° 49' 35.52" N, 89° 55' 50.61" W, 7 MASL
Samahil & Kinchil, Yucatan

MAYA HERITAGE HACIENDAS
HACIENDAS DEL MUNDO MAYA

Project **Proyecto:** Javier Muñoz + Mario Peniche + Augusto Quijano + Alejandro Vales + Jorge Carlos Zoreda

Immersed in the dense low jungle of the flat Yucatan peninsula stand the vestiges of these haciendas, as disconnected and ruined buildings, which during the henequen boom of the seventeenth and eighteenth centuries served as estate houses and factories. The challenge was to make these ruins habitable without them losing their sense of age, and convert this group of scattered buildings into a complex in which landscape and geometry give meaning to a new order that unites them. In the composition, new buildings were added that complete the architectural program and allow them to function as hotels. The presence of these new architectural elements is subordinate to the vestigial ruins, which continue to occupy the foreground, preserving the sense of the place. Inhabiting the ruin yet being contemporary was the challenge that drove the actions of this project, which aims to be respectful of the territory, landscape and history of these haciendas.

Inmersos en la densa selva baja de la plana península de Yucatán, se encuentran los vestigios de estas haciendas, como piezas inconexas en ruinas, que durante el auge henequenero de los siglos XVII y XVIII sirvieron como estancias y fábricas. El desafío fue hacer habitables estas ruinas sin que perdieran edad y convertir este grupo de piezas dispersas en un conjunto en el que el paisaje y la geometría den sentido a un nuevo orden que las integre. En la composición se insertaron piezas nuevas que completan el programa arquitectónico y les permiten funcionar como hoteles. La presencia de estos nuevos elementos arquitectónicos se subordina a los vestigios, a los que ceden el protagonismo para conservar el sentido del lugar. Habitar la ruina y ser contemporáneos fue el reto que condujo las acciones de este proyecto, que pretende ser respetuoso con el territorio, el paisaje y la historia de estas haciendas.

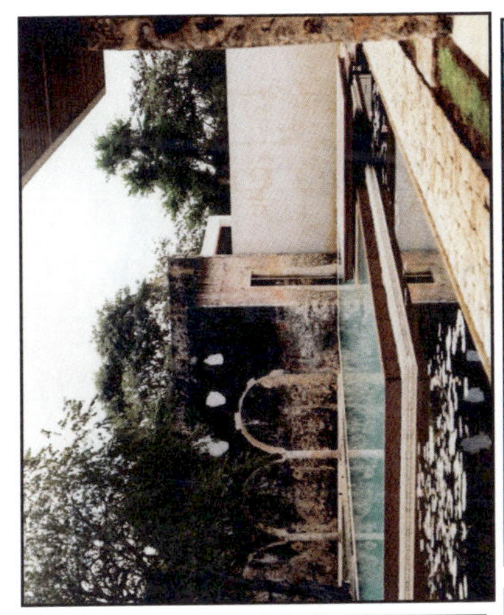
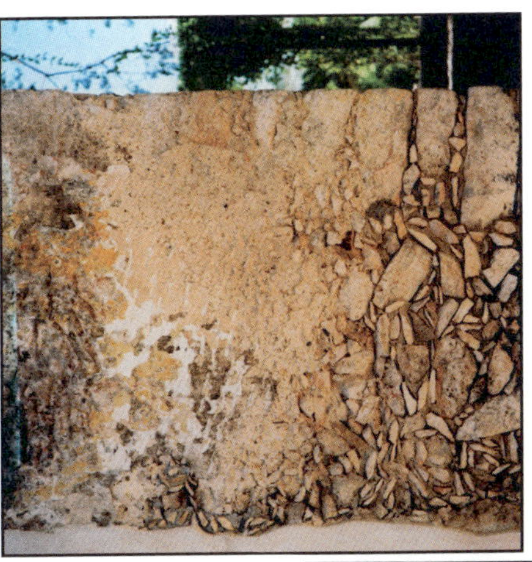
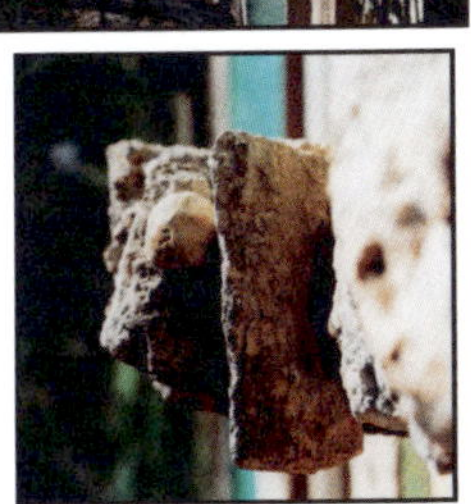
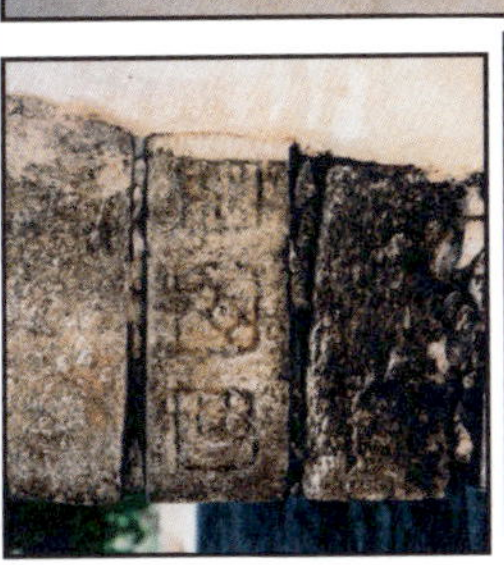
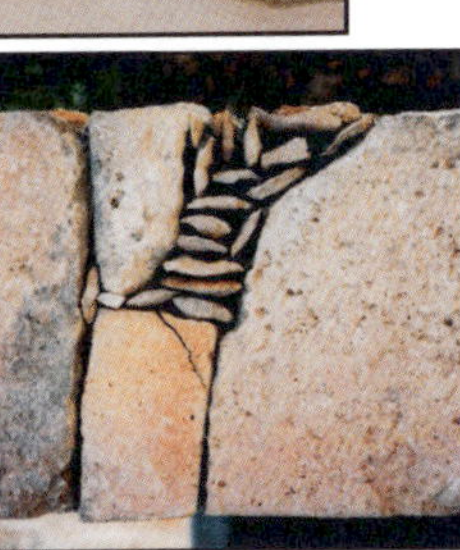
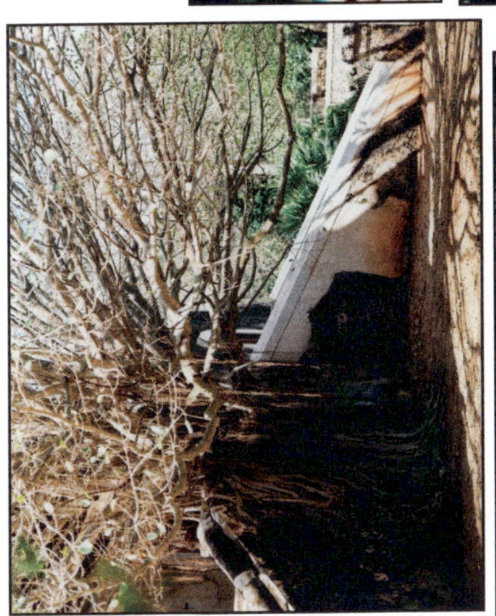
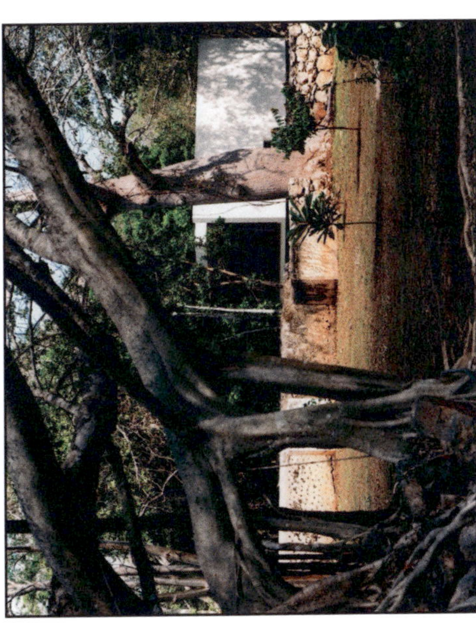

M-12B

19°21'30.17"N, 99°16'4.68"W, 2,605 MASL
Santa Fe, Mexico City

"LA MEXICANA" PARK
PARQUE "LA MEXICANA"

Project **Proyecto:** Mario Schjetnan: GDU: Grupo de Diseño Urbano. In collaboration with en colaboración con Víctor Márquez | Víctor Márquez Arquitectos, Fabián Tron | Tron Arquitectos

Located in a former sand and gravel mine in the western part of the Valley of Mexico, the La Mexicana Park was created by decontaminating the soil, installing rainwater capture systems and sculpting the topography. The result is a new community-oriented park rich in forest and water features, in a dense urban context that is lacking in green spaces open to the public.

Localizado en una antigua mina de grava y arena, en la zona poniente del Valle de México, en el parque La Mexicana, se remedian suelos, se captan las aguas provenientes de la lluvia, se esculpe la topografía y se crea un parque nuevo, forestado, acuático, comunitario y alegre, en un contexto urbano denso y carente de espacios verdes y acceso público.

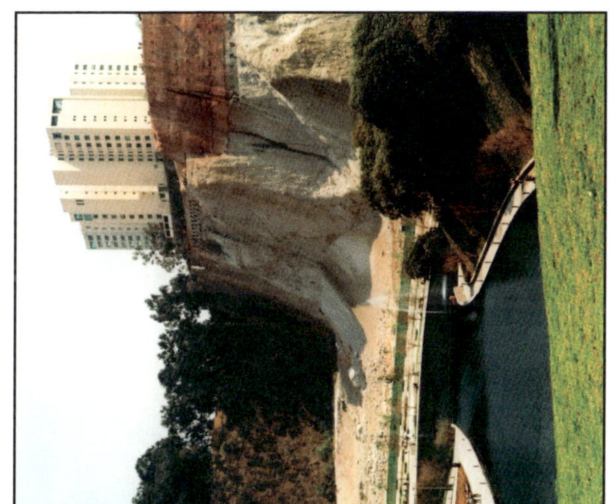
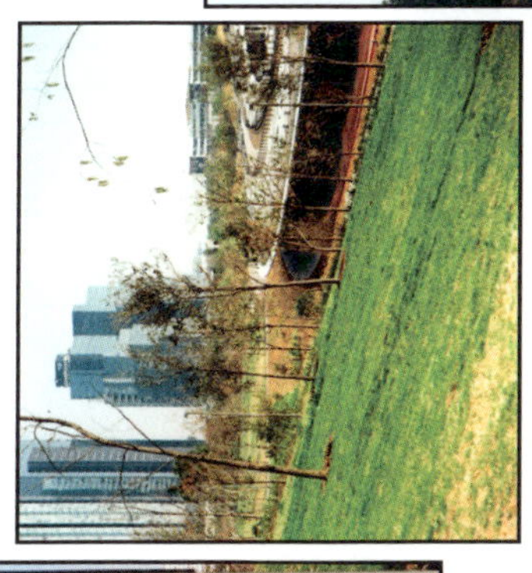
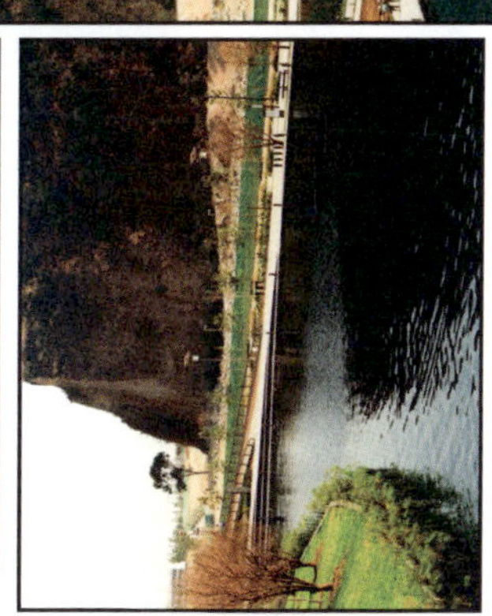
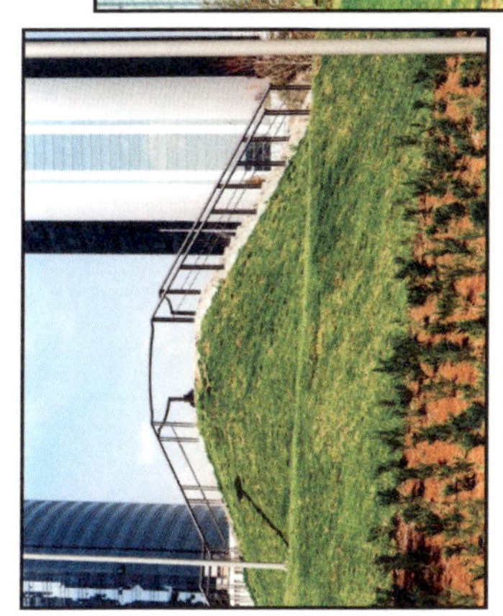
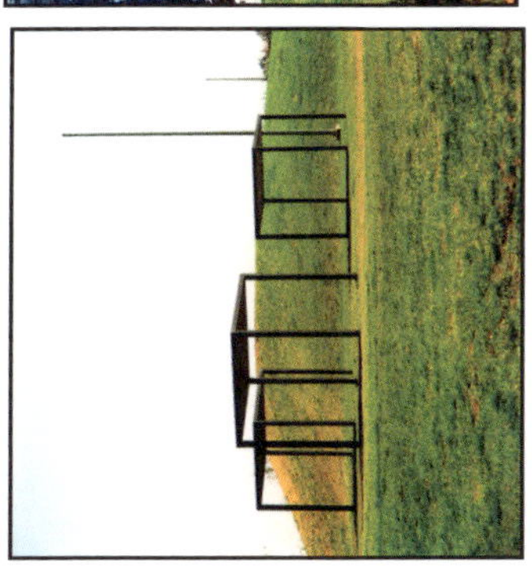
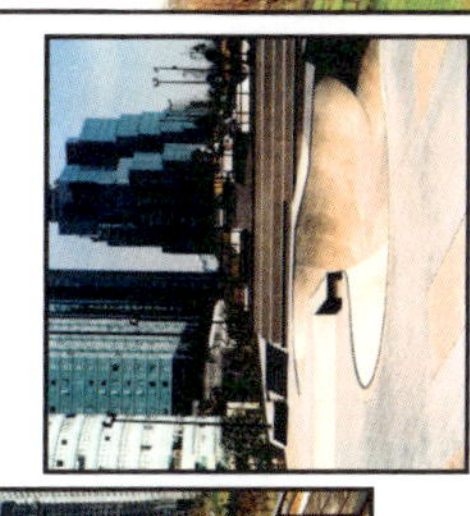
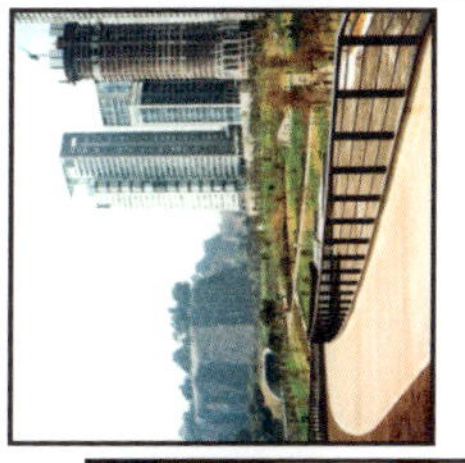
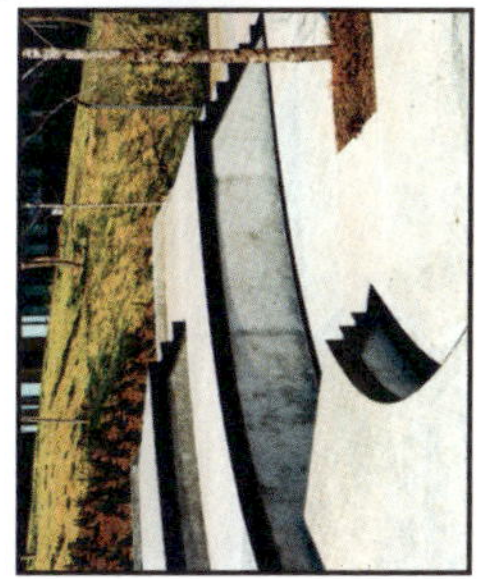

M-13A

19° 24' 52.57" N, 99° 11' 56.78" W, 2,309 MASL
Chapultepec, Mexico City

RENOVATION OF THE COMPOSERS' PROMENADE
REHABILITACIÓN DEL PASEO DE LOS COMPOSITORES

Project **Proyecto:** Enrique Lastra de Wit;
Construction **Construcción:** Sackbé

The project contains a high level of symbolic, formal and project-related content, the stone work is a scale sector of the plaza-amphitheater that completes the south-west promenade. Formed by a horizontal esplanade, it includes steps, benches, ramps and bowls, which are the formal elements of the entire composition. This promenade takes the slope of the site's topography, combining with the horizontal sections of the water and the platforms defining the architectural program. This assemblage brings together topography, platforms, architectural elements and ramps offering full accessibility to users, generating the formal synthesis of the project.

La intervención contiene un alto contenido simbólico, formal y de contexto del proyecto, es un sector a escala de la plaza-anfiteatro que remata al paseo por el sur-poniente. Formada por una explanada horizontal, se insertan en ella escalones, bancas, rampas y cajetes, que son los elementos formales de toda la composición. Este paseo toma la pendiente de la topografía del lugar, combinándose con las horizontales del agua y de las plataformas definitorias del partido arquitectónico. Este ensamble conjunta topografía, plataformas, elementos arquitectónicos y rampas de accesibilidad total de los usuarios, produciendo la síntesis formal del proyecto.

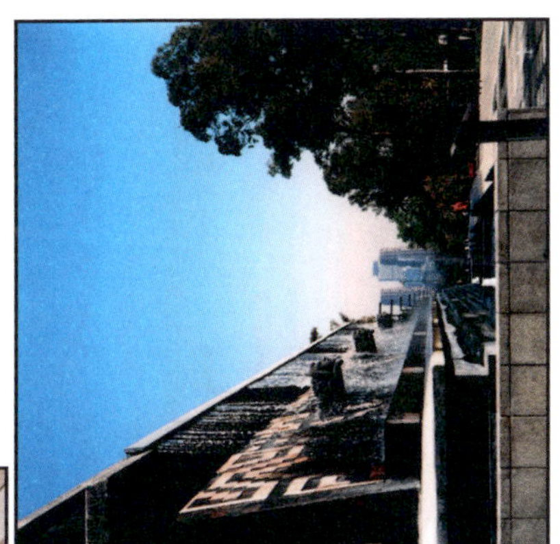
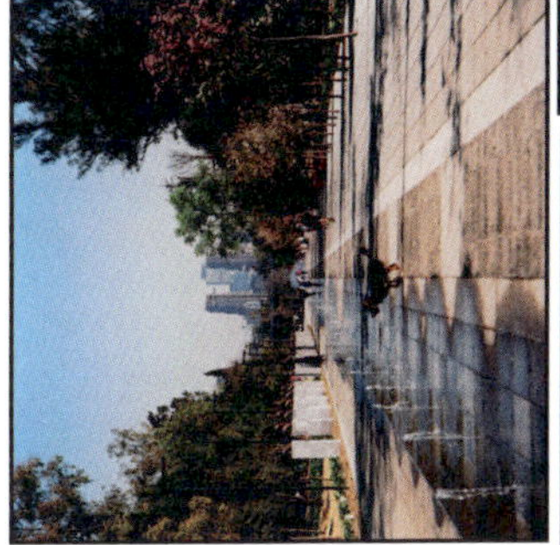
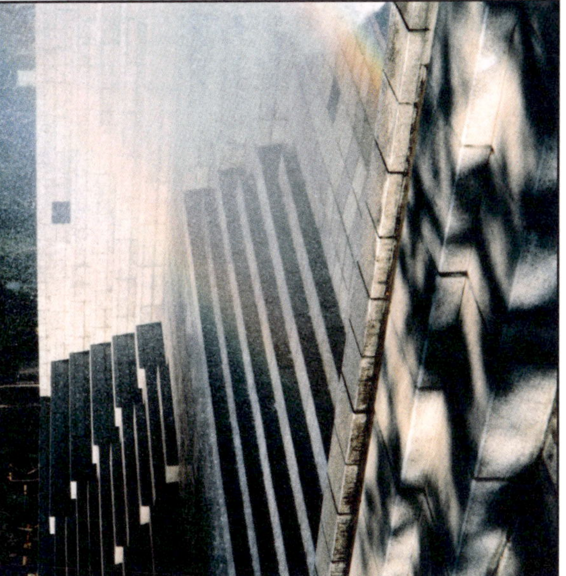
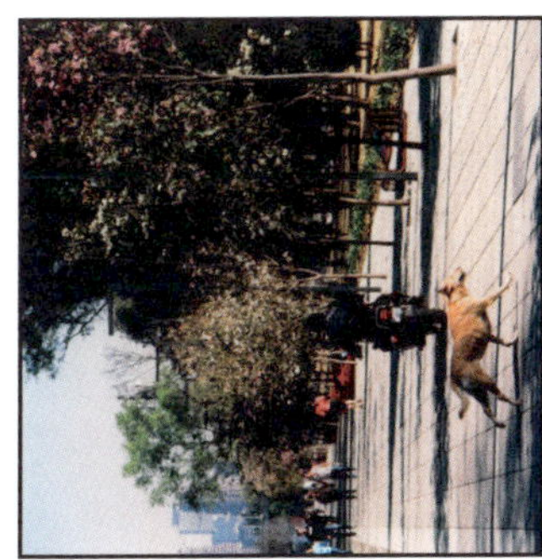
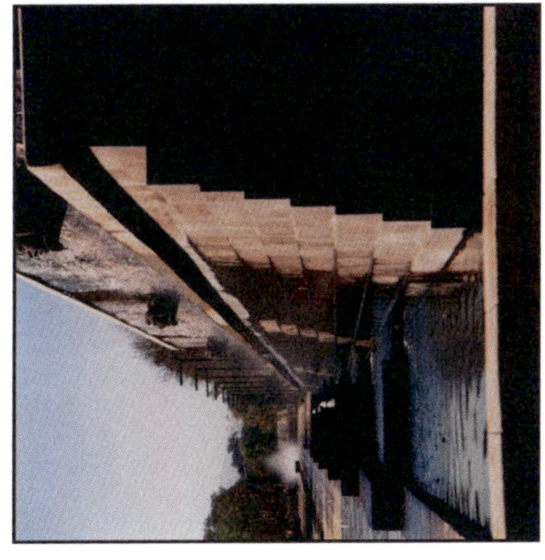

M-14A

20° 43' 9.74" N, 102° 22' 42.23" W, 2,048 MASL
Arandas, Jalisco

CENTINELA CHAPEL
CAPILLA CENTINELA

Project **Proyecto:** Estudio ALA

We believe in communication between people and space through the senses: generating a dynamic experience, neither static nor passive, in which the participant experiences the architecture through their movement or course, and receives a spatial and temporal message that they carry into their memory. We seek to connect with time, history, place and people. We believe that architecture should function as a catalyst for experiences in a specific context, that it should have character, and at the same time have a high degree of flexibility. It must be able to break down established boundaries and conventional hierarchies to give way to freedom of use and generate new forms of behavior.

Creemos en la comunicación entre las personas y el espacio por medio de los sentidos: generar una experiencia dinámica, no estática o pasiva, en la que el participante viva la arquitectura por medio del movimiento o trayecto, y reciba un mensaje espacial y temporal que lo lleve a la memoria. Buscamos conectar con el tiempo, la historia, el lugar y la gente. Creemos que la arquitectura debe funcionar como catalizador de experiencias en un contexto específico, que debe poseer carácter, y al mismo tiempo, contar con un alto grado de flexibilidad. Debe ser capaz de desvanecer los límites establecidos y las jerarquías convencionales para dar paso a la libertad de uso y generar nuevas formas de comportamiento.

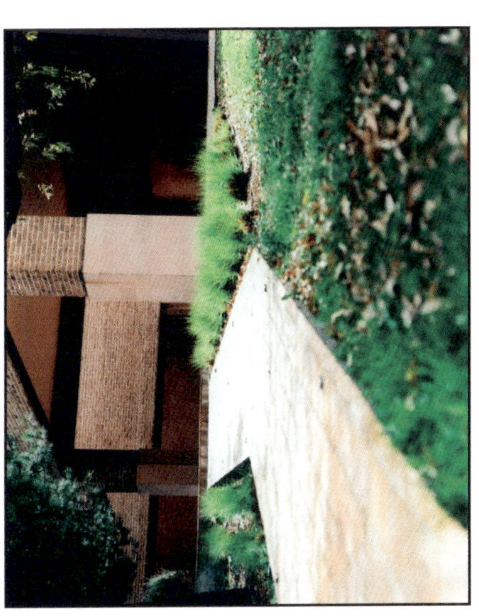
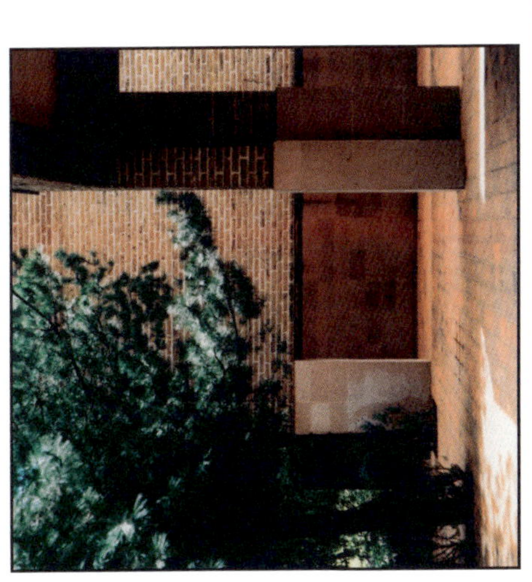
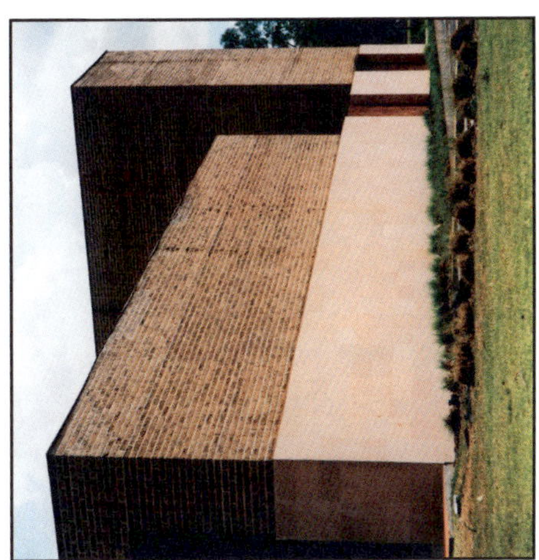
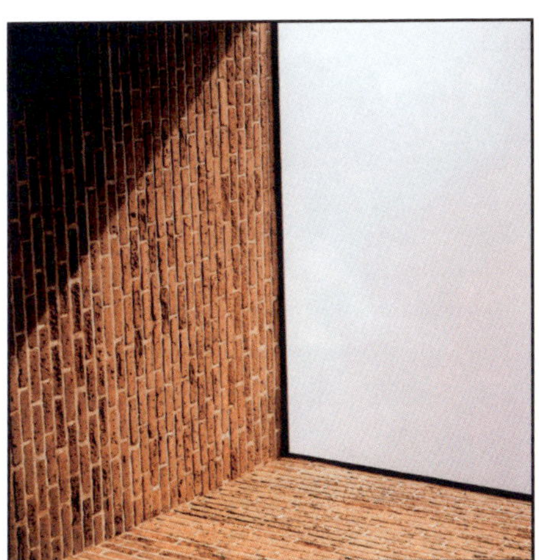

M-15A

19° 24' 3.83" N, 99° 14' 45.08" W, 2,457 MASL
Bosques de las Lomas, Mexico City

GUARDHOUSE
CASETA DE VIGILANCIA

Project **Proyecto:** Escobedo-Soliz

The building represents the tension that exists between the rugged topography of the land and the horizontality of the volume. Respect is shown for the natural slope of the park in which the building is set by creating a plinth that cuts into the topography, to generate a horizontal and uniform platform that receives the volume of the building. The topographical condition of the terrain has nourished the principle of "working with the land," a fundamental element in Mexican architectural culture from pre-Hispanic times up to the modern day.

La obra representa la tensión que existe entre la topografía accidentada del terreno y la horizontalidad del volumen del edificio. El respeto por la pendiente natural del parque en el que se desplanta el edificio se muestra al oponer un basamento que corta la topografía, para generar una plataforma horizontal y uniforme que recibe el volumen del edificio. La condición topográfica del territorio mexicano ha alimentado el principio de "trabajar el terreno", elemento fundamental en la cultura arquitectónica mexicana desde los tiempos prehispánicos hasta la modernidad.

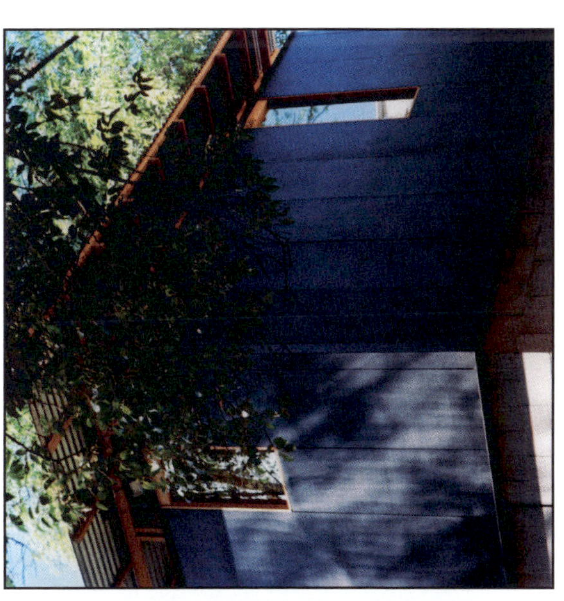

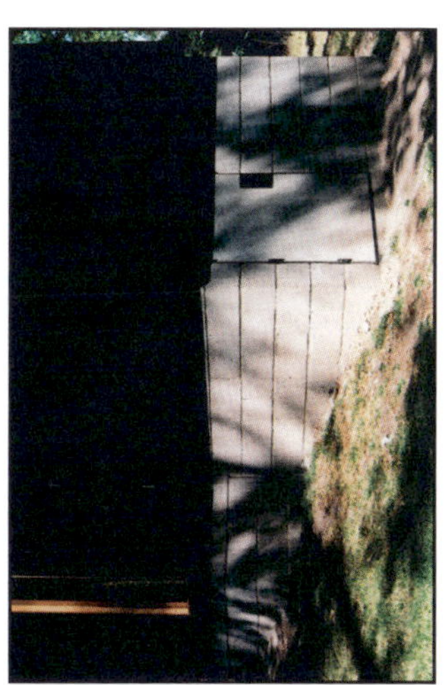

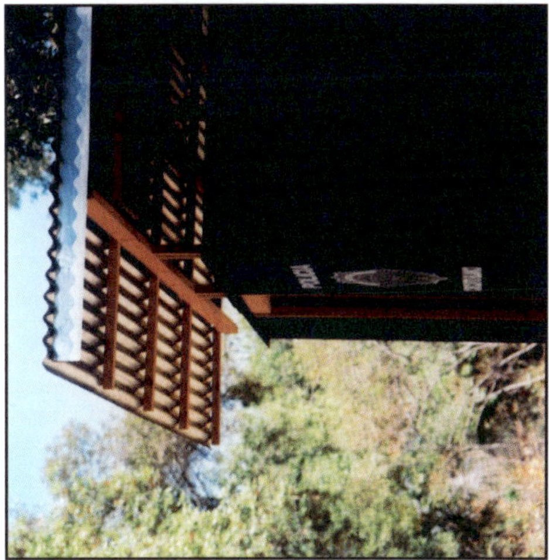

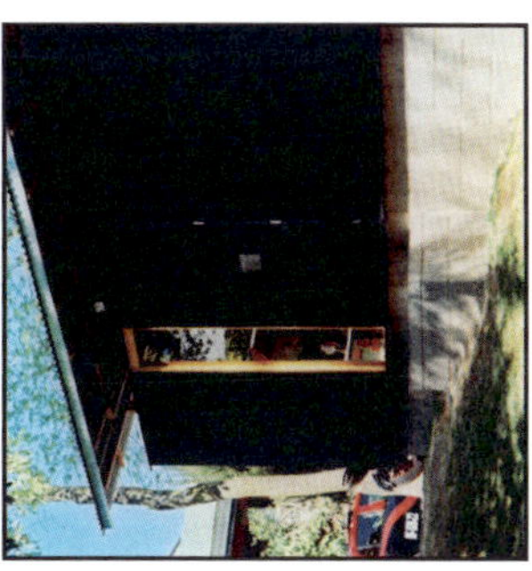

M-15B

19°24'37.41" N, 99°6'31.84" W, 2,232 MASL
Jardín Balbuena, Mexico City

FRAY NANO STADIUM
ESTADIO FRAY NANO

Project **Proyecto:** Alonso de Garay | Taller ADG

The duality between pre-Hispanic and modern Mexico is manifested both in the restoration of the Fray Nano baseball stadium and the model exhibited in the Mexican Pavilion. It is like a meeting between the ancient ball game and modern baseball. Bas-relief is the perfect medium to express the beautiful iconography used in seals, textiles, stone and ceramics by our ancestors. One side of the piece forms the stadium floor, which plays with out-size serpentine fretwork. On the other side, the profile of the enclosure was expressed, inspired by the plinths of the ancient ceremonial centers and the ball game. The duel of opposition and complementarity is very present in the worldview and art of the ancestral cultures of the Americas.

La dualidad entre el México prehispánico y el moderno se manifiesta tanto en el rescate arquitectónico del estadio de béisbol Fray Nano como en la pieza abstracta que se exhibe en el Pabellón de México. Es como hacer que el antiguo juego de pelota y el béisbol de hoy se encuentren. El bajorrelieve es la excusa perfecta para expresar la bella iconografía usada en sellos, textiles, piedra y cerámica por nuestros ancestros. Un lateral de la pieza es la planta del estadio, en la que se juega con una greca serpenteante exagerada. En oposición, se plasmó el perfil del recinto, que se inspiró en los basamentos de los centros ceremoniales y el juego de pelota. El duelo de contrarios y complementarios está muy presente en la cosmovisión y arte de las culturas ancestrales de América.

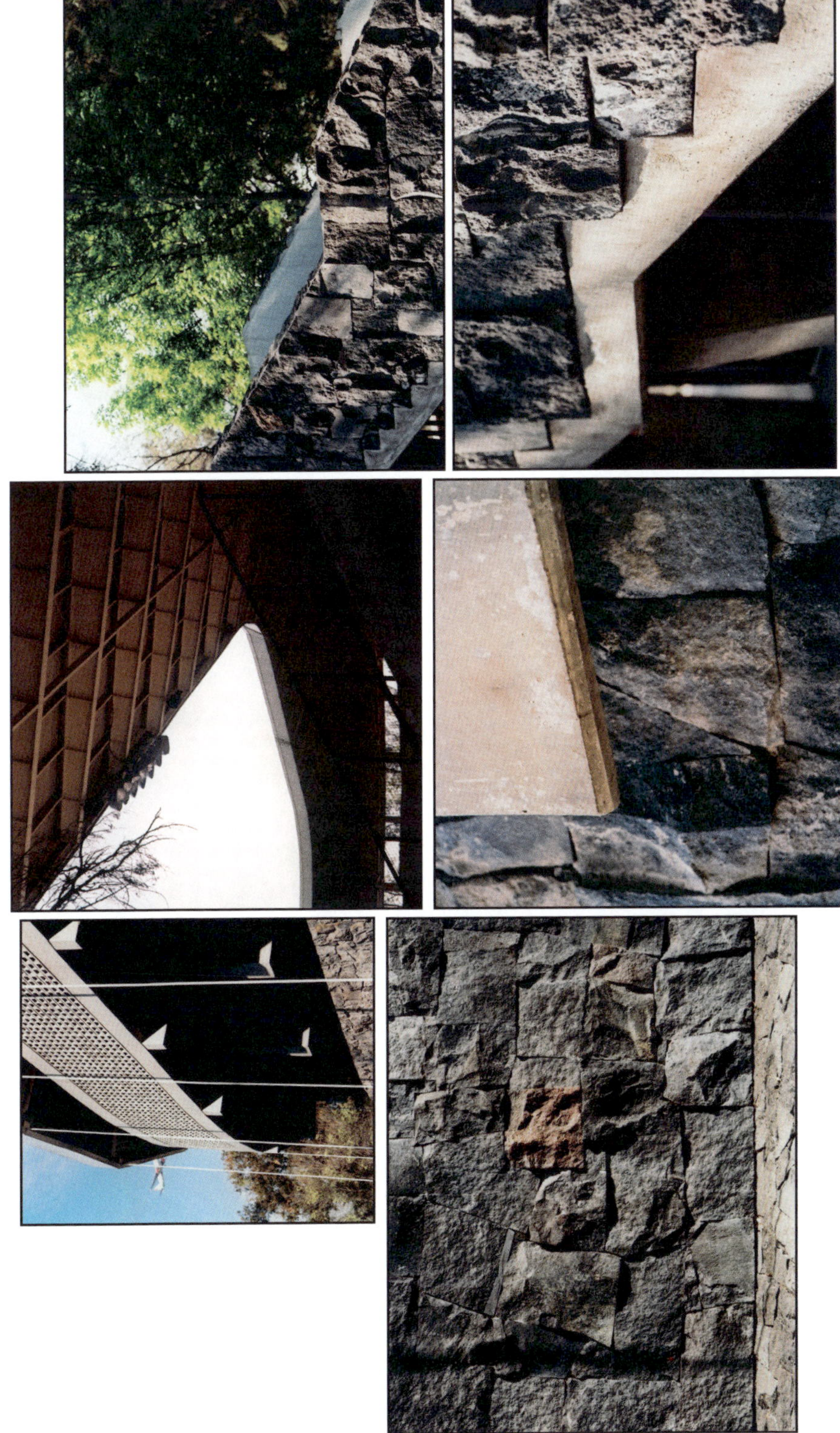

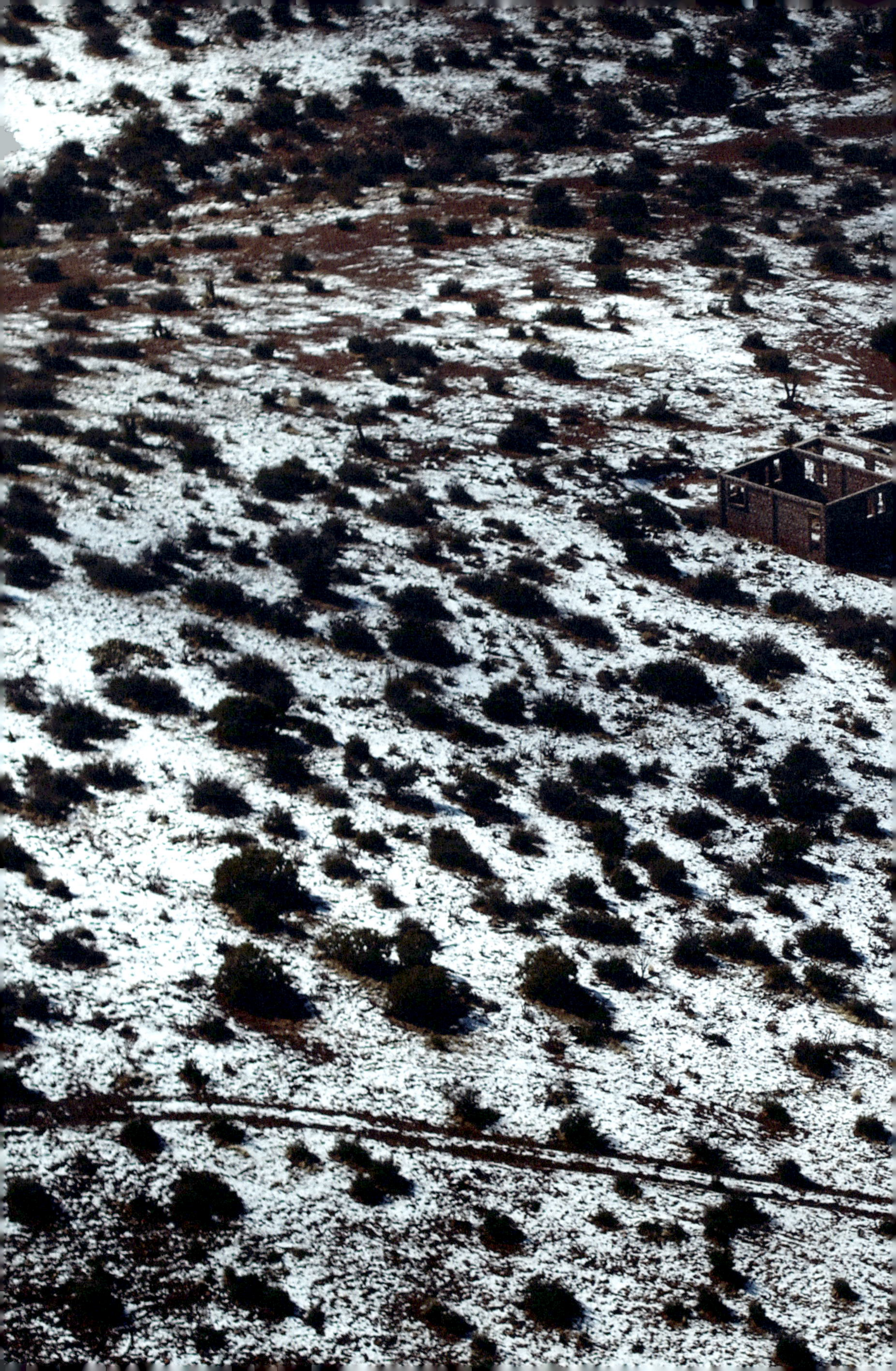

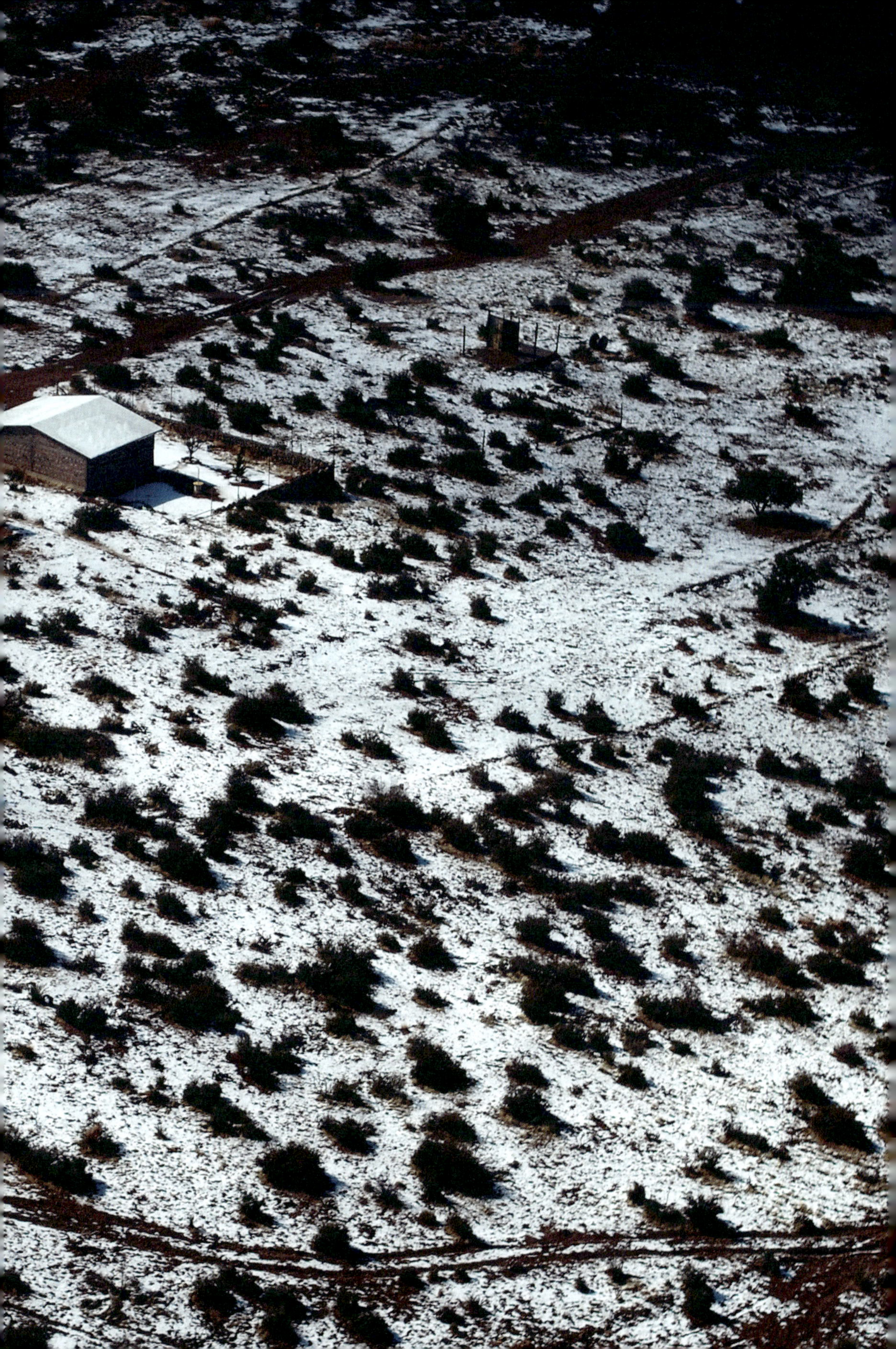

CONTRIBUTORS' BIOGRAPHIES
BIOGRAFÍAS PARTICIPANTES

JORGE AMBROSI

Co-founder of Ambrosi Etchegarary art and architecture studio, and with a BA (honors) in Architecture from the National Autonomous University of Mexico (UNAM). In 2013 he was selected as a candidate for the Rolex Art Initiative. In 2011, he received the Acknowledgement Prize at the Holcim Awards, for his Ecological Awareness Center. First prize winner at the Cemex Building Awards with Spa Querétaro, and first prize at the Spa Liverpool Polanco invitational competition, both in 2010. From 2001 to 2008 he taught the "Vertical Workshops" at the Iberoamericana University and the Max Cetto Workshop at the UNAM. In 2010, he was awarded a scholarship to support young creative talents from the National Fund for Culture and the Arts (FONCA). He has participated in several conferences and been guest lecturer and jury member at various Mexican and foreign universities.

Cofundador de la firma de arte y arquitectura Ambrosi Etchegaray. Licenciado en arquitectura con mención de honor por la Universidad Nacional Autónoma de México (UNAM), en 2013 fue nominado en la Rolex Art Initiative. En 2011, recibió el Acknowledgement Prize en los Holcim Awards, por su Centro de Conciencia Ecológica. Obtuvo el primer lugar en los Premios Obras Cemex con el Spa Querétaro y el primer lugar en el Concurso por Invitación Spa Liverpool Polanco, ambos en 2010. De 2001 a 2008 fue profesor en Talleres Verticales en la Universidad Iberoamericana y en el Taller Max Cetto de la UNAM. En 2010, el Fondo Nacional para la Cultura y las Artes le otorgó la beca Jóvenes Creadores. Ha participado numerosas conferencias y asistido como profesor y jurado a universidades nacionales e internacionales.

SANTIAGO ARAU

With 15 years' experience as a photographer and director of photography, Arau's work has been exhibited at individual and group shows at the Casa América in Madrid, L.A. Skater Park in Los Angeles, the Museum of Modern Art in the Philippines and the Museum of Mexico City. He has spent the last five years documenting life in Mexico City. His aerial photographs have been published in international media such as the BBC, *The Guardian* and *El País*.

Fotógrafo y director con más de 15 años de carrera profesional, ha participado en exposiciones tanto individuales como colectivas en Casa América en Madrid, L.A. Skater Park en Los Ángeles, el Museo de Arte Moderno en Filipinas y el Museo de la Ciudad de México. Durante los últimos cinco años ha documentado la vida en la Ciudad de México. Sus fotografías aéreas han sido publicadas en medios internacionales como la BBC, *The Guardian* y *El País*, entre otros.

DAMIÁN COMAS

Author and visual artist with a PhD in Literature, a Master's in Art Theory and a BA in Visual Arts; he teaches literature, drawing and creative writing. In 2013 he won the 18th Hispanic Literature Award from the University of Seville for his first novel, *Cenizas*. Author of the novels *Chatarra* and *Cloacas*, as well as three film scripts. Illustrator of various books and magazines, and creator of more than ten individual and group shows.

Escritor y artista plástico. Doctor en literatura, máster en estudios teóricos de arte y licenciado en artes visuales, trabaja como profesor universitario de literatura, dibujo y creación literaria. Fue galardonado en 2013 en el XVIII Certamen de Letras Hispánicas de la Universidad de Sevilla, por su primera novela *Cenizas*. Es autor de las novelas *Chatarra* y *Cloacas*, así como de tres guiones cinematográficos. Es ilustrador de múltiples revistas y libros, y creador de más de diez exposiciones individuales y colectivas.

GABRIELA ETCHEGARAY

Co-founder of Ambrosi Etchegarary art and architecture studio. Awarded a scholarship to support young creative talents from the National Fund for Culture and the Arts (FONCA) in 2014. Graduated with a BA (honors) in Architecture and Urbanism from the Iberoamericana University (UIA), with a Master's in Creative Management and Urban Transformation

from the Polytechnic University of Catalonia and the UIA. Awarded the Moira Gemmill Prize for Emerging Architecture in 2015 from *The Architectural Review*, London. She has given conferences and lectures at the UIA and participated as a guest lecturer and jury member at Mexican and foreign universities. She is currently studying a Master's of Science in Critical, Curatorial, and Conceptual Practices in Architecture at Columbia University in New York.
Cofundadora de la firma de arte y arquitectura Ambrosi Etchegaray. Merecedora de la beca Jóvenes Creadores del Fondo Nacional para la Cultura y las Artes en 2014. Licenciada en arquitectura y urbanismo con mención de honor por la Universidad Iberoamericana (UIA), estudió el máster en gestión creativa y transformación de la ciudad en la Universidad Politécnica de Cataluña y la UIA. En 2015 recibió el premio Moira Gemmill Prize for Emerging Architecture, otorgado por *The Architectural Review*, de Londres. Ha participado en conferencias, impartido clases en la UIA y asistido como profesora y jurado a universidades nacionales e internacionales. En la actualidad, cursa la maestría en crítica y curaduría arquitectónica en la Universidad de Columbia, en Nueva York.

MAURICI GINÉS

A lighting professional since 1994, Ginés founded the lighting studio Arteluminotecnia, later renamed Artec3 Studio, in order to promote the profession of lighting design in Spain. He is currently president of the Professional Association of Lighting Designers in Spain and member of the Partner Institute Lighting Research Centre and the International Association of Lighting Designers. He teachers a Master's course in Lighting Design at the Polytechnic University of Catalonia, in Barcelona.
Profesional de la iluminación desde 1994, es fundador del despacho de iluminación Arteluminotecnia, después llamado Artec3 Studio, con el fin de promover la profesión de diseño de iluminación en España. En la actualidad es presidente de la Asociación Profesional de Diseñadores de Iluminación en España y miembro del Partner Institute Lighting Research Centre y de la International Association of Lighting Designers. Imparte clases en la maestría en diseño de iluminación en la Universidad Politécnica de Cataluña, en Barcelona.

ALBERTO KALACH

Graduated with a BA in Architecture from the Iberoamericana University in Mexico City and then completed his postgraduate studies at Cornell University, Ithaca. In 1981, he co-founded with Daniel Álvarez the studio Taller de Arquitectura X, and they worked as partners until 2002. He is now director of TAX and has a special interest in urban design within Mexico City. He founded México: Ciudad Futura, a collective that tackles large-scale projects in collaboration with various architects.
Arquitecto por la Universidad Iberoamericana con un posgrado en la Universidad de Cornell, en Ithaca. En 1981, fundó con Daniel Álvarez el Taller de Arquitectura X, en el que trabajaron como socios hasta 2002. Ahora dirige TAX y muestra interés particular en el urbanismo dentro de la Ciudad de México. Fundó el colectivo México: Ciudad Futura, en el que realiza proyectos a gran escala en colaboración con diversos arquitectos.

O-RU

A Mexico City-based studio founded in 2013 with a focus on research, collaboration and urban landscaping design.
Oficina fundada en 2013, dedicada a la investigación, colaboración y diseño urbano integrado al paisaje, con sede en la Ciudad de México.

JUAN PALOMAR

A Mexican architect, born on July 10, 1956, in Guadalajara. Author of various articles on architecture and urban planning. Faculty member at the Tecnológico de Guadalajara. Member of the Council of Arts and Humanities of the National Fund for Culture and the Arts (FONCA), and municipal spokesman for urbanism in Guadalajara. In 2004 he won the international design competition for the Vasconcelos Library, in conjunction with Alberto Kalach, Gustavo Lipkau, Hugo Sánchez and Tonatiuh Martínez.
Arquitecto mexicano, nacido el 10 de julio de 1956, en Guadalajara. Es autor de varios artículos de arquitectura y urbanismo. Es profesor en el Tecnológico de Guadalajara . Es miembro del Consejo de Artes y Humanidades del Fondo Nacional para la Cultura y las Artes, y portavoz municipal de urbanismo en Guadalajara. En 2004 ganó el concurso internacional

de diseño de la Biblioteca Vasconcelos, con Alberto Kalach, Gustavo Lipkau, Hugo Sánchez y Tonatiuh Martínez.

MARINA POVEDANO

Graduated with a BA in Architecture from the Polytechnic University of Catalonia, Barcelona, before going on to study philosophy. She is currently studying a Master's of Science in Critical, Curatorial, and Conceptual Practices in Architecture at Columbia University while working as assistant curator at the Guggenheim Museum of New York.

Estudió la licenciatura en arquitectura en la Universidad Politécnica de Cataluña, en Barcelona, posteriormente realizó estudios de filosofía. En la actualidad, cursa la maestría en crítica y curaduría arquitectónica en la Universidad de Columbia y trabaja como asistente de curaduría en el Museo Guggenheim de Nueva York.

MANUEL ROCHA ITURBIDE

His studies include piano and music composition at the National Music School of the National Autonomous University of Mexico (UNAM), an MFA in Electronic Music and Composition at Mills College in California, and a workshop in Computer Music at the Institut de Recherche et de Coordination Acoustique/Musique in Paris. Since 1995, he has worked on the research and communication of sound art and electroacoustic music in Mexico. Member of the National System of Creators and postgraduate faculty member at the UNAM.

Estudió piano y composición en la Escuela Nacional de Música de la Universidad Nacional Autónoma de México (UNAM). Más delante, cursó la maestría de música electrónica y composición en el Mills College en California y un taller de música por computadora en el Institut de Recherche et de Coordination Acoustique/Musique de París. Desde 1995, se ha dedicado a la investigación y difusión del arte sonoro y la música electroacústica en México. Es miembro del Sistema Nacional de Creadores de Arte de México y catedrático del posgrado en música de la UNAM.

HUGO ROYER

Specialized in stage design during his studios in Paris, France. He has since worked in theater and dance, as well as incorporating videos into scenography. He has lived in Mexico City since 2006, where he works as an editor and photographer. His documentary productions are on urbanization and the individual's place in society.

Se especializó en montaje durante sus estudios en París, Francia. Ha trabajado en teatro y danza, en la incorporación de videos a la escenografía. Desde 2006, vive en la Ciudad de México y trabaja como editor y fotógrafo. Los documentales que ha realizado se relacionan con la urbanización y el lugar del individuo en la sociedad.

HUGO SÁNCHEZ

Studied a BA in Architecture at La Salle University in Mexico City. Subsequently, he studied a Master's in Landscape Design at the Polytechnic University of Catalonia. For two years he worked with various architecture studios in Barcelona, until he returned to Mexico where he co-founded Entorno Taller de Paisaje, in 2005.

Arquitecto por la Universidad La Salle, en la Ciudad de México. Más tarde, cursó la maestría en diseño de paisaje en la Universidad Politécnica de Cataluña. Colaboró durante dos años con varios despachos en Barcelona, hasta que regreso a la Ciudad de México, donde fungió como cofundador de Entorno Taller de Paisaje, en 2005.

LAKE VEREA

A duo of Mexican photographers—Francisca Rivero-Lake Cortina and Carla Verea Hernández—who have worked together since 2005, experimenting with photographic techniques and formats to create a more personal and intimate perspective in their work. Their research specialization includes portraits of architecture and the architecture of portraits, searching for modern ruins and the emotional interpretation of spatial journeys.

Es un dúo de fotógrafas mexicanas integrado por Francisca Rivero-Lake Cortina y Carla Verea Hernández. Trabajan juntas desde 2005. Su práctica se enfoca en la experimentación de técnicas y formatos fotográficos para lograr un punto de vista personal e íntimo. Sus temas de investigación se centran en el

retrato de la arquitectura y la arquitectura del retrato, la búsqueda de la ruina moderna y la interpretación emocional del recorrido espacial.

CARLOS ZEDILLO

Graduated with a Master's in Architecture from Yale University's School of Architecture with two diplomas, for art and architecture. He worked on the new housing policy and since 2012 has been head of the Research Center for Sustainable Development (CIDS) of the National Workers' Housing Fund Institute (Infonavit). He is a co-founder of Pienza Sostenible.

Es maestro en arquitectura por la Yale University School of Architecture con dos diplomas en arte y arquitectura. Trabajó en el equipo de transición para la nueva política de vivienda y desde 2012 es titular del Centro de Investigación para el Desarrollo Sostenible (CIDS) del Instituto Nacional del Fondo para los Trabajadores (Infonavit). Es cofundador de Pienza Sostenible.

ALEJANDRO GUERRERO, ANDREA SOTO | ATELIER ARS

Alejandro Guerrero and Andrea Soto graduated with BAs in Architecture from the Instituto Tecnológico y de Estudios Superiores de Occidente (ITESO) and have worked together since 2010. Alejandro Guerrero graduated with a Master's in Architecture Criticism and Projects from the Polytechnic University of Catalonia, in 2006, when he took up a teaching position at ITESO. Andrea Soto was awarded the Cemex Marcelo Zambrano Scholarship, enabling her to study a Master's in Landscape Architecture at Harvard's Graduate School of Design. As a group they have received the Emerging Voices award, granted by The Architectural League of New York and Design Vanguard from the *Architectural Record*.

Alejandro Guerrero y Andrea Soto son arquitectos por el Instituto Tecnológico y de Estudios Superiores de Occidente (ITESO) y trabajan juntos desde 2010. Alejandro Guerrero obtuvo el grado de máster en arquitectura crítica y proyecto por la Escuela Técnica Superior de Arquitectura de la Universidad Politécnica de Cataluña, en 2006, cuando comenzó su labor como profesor en el ITESO. Andrea Soto ganó la Beca Marcelo Zambrano de Cemex, con la cual cursó el máster en arquitectura del paisaje en la Graduate School of Design de Harvard. Juntos han recibido el premio Emerging Voices, otorgado por The Architectural League of New York y el Design Vanguard de *Architectural Record*.

CARLOS GONZÁLEZ LOBO + MARÍA EUGENIA HURTADO

Carlos González Lobo graduated as an architect from the National School of Architecture and has a Master's degree in Architecture from the Architecture Faculty of the National Autonomous University of Mexico (UNAM). He also has a PhD in Architecture from the same university, graduating in 2007. His work combines his own projects focused on spatial and figurative explorations, with a specific interest in helping the poorest sectors of society. He has specialized in low-income housing and develops projects in support of associations working on housing projects in cities and rural areas.

María Eugenia Hurtado has a BA in Architecture from the National Autonomous University of Mexico; she also has a Master's and a PhD in Architecture from the same university. She joined Carlos González

Lobo's studio in 1982. During her career she has focused on participative design and construction, working with women, the elderly and children on low-income housing projects.
Carlos González Lobo es arquitecto por la Escuela Nacional de Arquitectura y maestro en arquitectura por la Facultad de Arquitectura de la Universidad Nacional Autónoma de México. Obtuvo el doctorado en arquitectura en la misma institución en 2007. Su experiencia profesional ha combinado la obra propia de búsqueda espacial y figurativa, con una vocación definida hacia el apoyo a los sectores más pobres de la comunidad. Se especializa en vivienda popular y desarrolla proyectos de apoyo solidario con grupos provivienda tanto en la ciudad como en zonas rurales.

María Eugenia Hurtado es arquitecta egresada de la Universidad Nacional Autónoma de México. Obtuvo los grados de maestría y doctorado en arquitectura por la misma casa de estudios. Se integró al equipo de Carlos González Lobo en 1982. Su trayectoria se ha distinguido por la construcción y el diseño participativo con mujeres, ancianos y niños en proyectos de vivienda popular.

COMUNAL: TALLER DE ARQUITECTURA + ONNIS LUQUE

A studio founded in 2015 in Mexico City by Mariana Ordóñez, who earned a BA in Architecture from the Autonomous University of Yucatán. In 2017, she was joined by the architect Jesica Amescua, a graduate from the Iberoamericana University. Their practice specializes in rural communities and developing a research-led working method, in knowledge exchange, and participative design. For this team, architecture is a tool for making changes that can help improve the quality of life of communities through processes that support autonomy, participation and appreciation of the legacy of vernacular architecture.

Onnis Luque is an architecture photographer, and founder of Arquitectura Vista. Member of the National System of Creators and author of *USF/DF. Tácticas de apropiación* (Conaculta, Ediciones Acapulco).

Taller fundado en 2015 en la Ciudad de México por Mariana Ordóñez, arquitecta egresada de la Universidad Autónoma de Yucatán. En 2017, se suma la arquitecta Jesica Amescua, egresada de la Universidad Iberoamericana. La oficina centra su práctica profesional en comunidades rurales y desarrolla una metodología de trabajo centrada en la investigación, el intercambio de saberes y el diseño participativo. Visualiza la arquitectura como una herramienta de cambio que puede ayudar a mejorar la calidad de vida de las comunidades por medio de procesos que detonen autonomía, participación y valorización del legado constructivo vernáculo.

Onnis Luque es fotógrafo de arquitectura, fundador de Arquitectura Vista. Miembro del Sistema Nacional de Creadores de Arte y autor del libro *USF/DF. Tácticas de apropiación* (Conaculta, Ediciones Acapulco).

ENRIQUE LASTRA DE WIT

Enrique has a BA in Architecture from the Faculty of Architecture of the National Autonomous University of Mexico (UNAM). He began his career working with high-profile architecture studios, before founding Centro de Vivienda y Estudios Urbanos, a practice that focuses on housing projects and urban regeneration projects in downtown urban areas.

Project director at Sackbé since 2014, specializing in interventions in heritage areas of the city. He is currently working on the restoration of heritage buildings damaged by the September 2017 earthquakes in Puebla and Oaxaca. Teachers at the Max Cetto Workshop of the UNAM's Faculty of Architecture since the 1970s.
Arquitecto por la Universidad Nacional Autónoma de México (UNAM). Al comienzo de su trayectoria, colaboró con despachos de reconocidos arquitectos. Posteriormente, fundó el Centro de Vivienda y Estudios Urbanos, que enfoca su práctica en proyectos de vivienda y mejoramiento urbano en áreas centrales de la ciudad.

Desde 2014 es director de Proyectos de Sackbé. Se aboca a intervenciones en áreas patrimoniales de la ciudad. En la actualidad, está involucrado con la rehabilitación de edificios patrimoniales dañados por los sismos de septiembre de 2017 en Puebla y Oaxaca. Es docente en el Taller Max Cetto de la Facultad de Arquitectura de la UNAM desde 1970.

ENRIQUE NORTEN - TEN ARQUITECTOS

Born in Mexico City in 1954. Graduated with a BA in Architecture from the Iberoamericana University and a Master's in Architecture from Cornell University. He founded TEN Arquitectos in Mexico City in 1986 and opened a New York office in 2000.

TEN Arquitectos works on research, design, architecture and infrastructure projects. The studio has 28 years' experience working on cultural centers, industrial and residential developments, hotels, museums, urban infrastructure, plazas, parks, and street furniture, taking an approach that considers landscaping, topography, territory, city, infrastructure and public space.

Nació en la Ciudad de México en 1954. Es arquitecto por la Universidad Iberoamericana y maestro en arquitectura por la Universidad de Cornell. En 1986, fundó TEN Arquitectos en la Ciudad de México, que en 2000 abrió una oficina en Nueva York.

TEN Arquitectos desarrolla proyectos de investigación, diseño, arquitectura e infraestructura. Con 28 años de experiencia en centros culturales, industriales y residenciales, hoteles, museos, desarrollos urbanos, plazas, parques y mobiliario, la oficina hace aproximaciones de paisaje, topografía, territorio, ciudad, infraestructura y espacio público.

ESTUDIO ALA

A Guadalajara-based studio founded in 2012, Estudio ALA applies a multidisciplinary method to every project, playing with a variety of scales and the subtle dividing line between architecture and industrial design. The office works in close contact with the team to produce specific results in each project's context and typology; it aims to communicate universal values through spaces and materials.

Establecido en Guadalajara, desde 2012, se acerca a cada proyecto desde una perspectiva multidisciplinaria, juega con las escalas y las frágiles fronteras entre la arquitectura y el diseño industrial. La oficina trabaja con un proceso de diálogo íntimo con el equipo para generar resultados específicos en el contexto y género de cada proyecto. Busca transmitir valores universales por medio de los espacios y materiales.

ESCOBEDO - SOLIZ

Escobedo-Soliz is a young architecture studio, set up in Mexico City in 2016. Its practice is based on a continuous search for ethical and aesthetical solutions, where design processes are as important as the end results. Every project considers particular situations in order to produce architecture relevant to its context, prioritizing its contact with its surroundings and understanding it perfectly, to lay the foundations for the initial solutions and ideas that can be intuitive but generate a site-specific architecture.

Escobedo-Soliz es un estudio joven de arquitectura, ubicado en la Ciudad de México desde 2016. Basa su práctica en una búsqueda ética y estética continua, en la que los procesos de diseño son tan importantes como el resultado final. Cada proyecto atiende las particularidades de la situación para lograr una arquitectura que pertenezca al contexto. Es esencial estar en contacto con el sitio, conocerlo a la perfección, pues de ahí surgen las primeras soluciones e ideas que, aunque intuitivas, generan una arquitectura que pertenece al lugar.

ESTUDIO MACÍAS PEREDO

Macías Peredo is interested in creating a dialogue by exploring construction processes and formal and spatial systems that are sympathetic to their surroundings. It works with local resources and always focused on the particular aspects of the pre-existing area—the local culture, climate and constructions—with the aim of strengthening cultural continuity in the context of its architecture. It seeks to reconcile a local and people-oriented approach with the demands and possibility offered by today's world.

Macías Peredo se interesa por construir un diálogo por medio de la exploración de los procesos constructivos y los sistemas formales y espaciales propios del lugar. Trabaja con los recursos del sitio y siempre atiende las características que definen el entorno preexistente, como sus circunstancias culturales, meteorológicas y constructivas. Su intención es propiciar una continuidad de la cultura del lugar en el que se plantea un acontecimiento arquitectónico. Busca una reconciliación de lo local y lo popular con las exigencias y posibilidades que ofrecen los tiempos actuales.

ESTUDIO MMX

Established in 2010 in Mexico City, this studio is focused on architectural and urban design projects ranging from residential or housing projects to cities and regions in order to improve people's quality of life. Founded by Jorge Arvizu, Ignacio del Río, Emmanuel Ramírez and Diego Ricalde, the studio takes an analytical and personalized approach to produce coherent developments sympathetic to their locations, with world-class designs delivered in Mexico. The studio values collaboration, and its projects, as a synthesis of its team's structure, consolidate the members' experience in a collective dynamic.

Establecido en 2010 en la Ciudad de México, se dedica a proyectos arquitectónicos y urbanísticos que van desde una habitación o vivienda, hasta ciudades y regiones para mejorar la calidad de vida de las personas. Fundado por Jorge Arvizu, Ignacio del Río, Emmanuel Ramírez y Diego Ricalde, el estudio busca espacios adecuados y coherentes mediante un proceso analítico y personalizado, que proyecta desde México diseño de nivel internacional. El estudio promueve una práctica colaborativa cuyo trabajo, síntesis de la estructura misma del equipo, consolida su experiencia en una dinámica colectiva.

ISAAC BROID + PRODUCTORA

Isaac Broid is a Mexican architect and graduate of Iberoamericana University. He also studied a Master's in Urban Design at the Oxford Polytechnic in England. Throughout his career, his works have ranged in terms of their scale and typologies. He has given conferences in Mexico and abroad and been a member of architectural magazines editorial boards.

PRODUCTORA is a Mexico City-based architecture studio founded by Abel Perles, Carlos Bedoya, Víctor Jaime and Wonne Ickx. Its work is distinguished by an interest in precise geometries, the production of clearly legible projects with limited gestures and the search for timeless buildings in their material and spatial solutions.

Arquitecto por la Universidad Iberoamericana. Cursó la maestría en diseño urbano en el Politécnico de Oxford, Inglaterra. A lo largo de su trayectoria, ha realizado diversas obras que varían en escala y tipología. Ha impartido conferencias en México y el extranjero, y ha sido miembro de consejos editoriales de revistas de arquitectura.

PRODUCTORA es un estudio de arquitectura ubicado en la Ciudad de México, conformado por Abel Perles, Carlos Bedoya, Víctor Jaime y Wonne Ickx. El trabajo de la oficina se caracteriza por un énfasis en geometrías precisas, un afán por generar proyectos legibles con gestos claros y la búsqueda de edificios atemporales en sus soluciones materiales y espaciales.

JAVIER MUÑOZ + MARIO PENICHE + AUGUSTO QUIJANO + ALEJANDRO VALES + JORGE CARLOS ZOREDA

Architect Javier Muñoz founded Javier Muñoz Arquitectos, based in Merida, Mexico. The office bases its projects on studies of the surroundings, to produce a local architecture that is rooted in people's ways of life, giving priority to the user experience through sensations.

Mario Peniche earned a BA in Architecture from the Autonomous University of Yucatan, where he has given classes for the past 37 years. He founded Peniche López Arquitecto y Asociados, an architecture practice specializing in residential projects, commercial developments, religious and education buildings. He is founder and director of the Marista University's School of Architecture in Merida, where he teaches landscape architecture.

Augusto Quijano graduated with a BA in Architecture from Mexico City's Iberoamericana University. He was awarded the gold medal at the 1988 Young Architects Forum and the 3rd Mexican Architecture Biennial in 1994 for his architecture workshop. In 1991 he founded the firm Augusto Quijano Arquitectos SCP, based in Merida.

Alejandro Vales graduated as an architect from the University of Yucatán in 1990. He is a partner and co-founder of the firm Vales Espejo Arquitectos together with Martha Espejo Peniche, since 1999. He has completed more than 500 projects in different genres, obtaining national and international recognition. He has also lectured for the past 19 years.

Jorge Carlos Zoreda is member of the first generation of undergraduates in Architecture from the Autonomous University of Yucatan, where he now teaches in addition to his faculty work at the Marista University's School of Architecture in Merida.

In 1980 he founded JCZoreda Arquitectos, developing a unique language to create a unique identity to his architectural practice. Some of his projects have been featured in publications in Mexico and abroad.
Javier Muñoz fundó Javier Muñoz Arquitectos con sede en Mérida, México. La oficina trabaja a partir del estudio del entorno. El resultado es una arquitectura local, arraigada en los modos de vida, que promueve la arquitectura de la experiencia por medio de las sensaciones.

Mario Peniche estudió arquitectura en la Universidad Autónoma de Yucatán, donde imparte clases hace 37 años. Fundó la firma Peniche López Arquitecto y Asociados, que ha desarrollado proyectos residenciales, comerciales, religiosos y educativos. Es director fundador de la Escuela de Arquitectura de la Universidad Marista de Mérida, en la que imparte clases de arquitectura de paisaje.

Augusto Quijano estudió arquitectura en la Universidad Iberoamericana de la Ciudad de México. Fue galardonado con la medalla de oro del Foro Mundial de Jóvenes Arquitectos 1988 y la III Bienal de Arquitectura Mexicana 1994 por su taller de arquitectura. Fundó en 1991 el despacho Augusto Quijano Arquitectos SCP, con sede en Mérida.

Alejandro Vales es arquitecto por la Universidad de Yucatán en 1990. Socio co-fundador de la firma Vales Espejo Arquitectos con Martha Espejo Peniche desde 1999. Ha realizado más de 500 proyectos de diversos géneros, obteniendo reconocimiento nacional e internacional. Ha sido profesor los últimos 19 años.

Jorge Carlos Zoreda estudió arquitectura en la Universidad Autónoma de Yucatán. Egresado de la primera generación, ha impartido clases ahí y en Escuela de Arquitectura de la Universidad Marista. En 1980, fundó la firma JCZoreda Arquitectos, desde la que busca un lenguaje propio que otorgue identidad a su quehacer arquitectónico. Algunas de sus obras han sido publicadas tanto en México como en el extranjero.

JUAN CARRAL ARQUITECTURA

A studio that works on solving urban and housing issues with straightforward, coherently built and pragmatic designs. His projects show the practice's constant search for creating high-quality spaces and the optimization of resources. One of the premises is that built architecture should inspire improvements in our surroundings.
Oficina que trabaja en la solución de problemas urbanos y habitacionales con propuestas pragmáticas sencillas y coherentes en la construcción. En ellas se percibe una búsqueda constante por la calidad espacial y la optimización de recursos. Una de sus premisas es que la arquitectura que se construye sea la herramienta para detonar mejoras en los entornos que habitamos.

JSª | JAVIER SÁNCHEZ + AISHA BALLESTEROS

An architecture studio founded in 1996 by Javier Sánchez and later incorporating the following partners and project directors: Aisha Ballesteros, Benedikt Fahlbusch and Irvine Torres. The practice focuses on organizing collective processes using cohabitational strategies on various scales, seeking to create an urban vision designed to reconvert, renovate, restore, recoup, reinsert, reoccupy and reinhabit.
Taller fundado en 1996 por Javier Sánchez, al que se integraron después los socios y directores de proyectos Aisha Ballesteros, Benedikt Fahlbusch e Irvine Torres. El trabajo de la oficina se organiza en procesos colectivos con estrategias de convivencia en varias escalas, que buscan construir una visión de ciudad que permita reconvertir, rehabilitar, restaurar, resarcir, reinsertar, reocupar y rehabitar.

MANUEL CERVANTES CÉSPEDES

Graduated with a BA in Architecture from Mexico City's Anáhuac University, Cervantes is member of the National System of Creators. In 2004, he founded the architecture studio, Manuel Cervantes Céspedes. The studio's projects are based on understanding and taking advantage of limitations. He has given workshops and conferences in various universities across Mexico, the United States, Spain, Portugal and Brazil.
Arquitecto por la Universidad Anáhuac de la Ciudad de México, es miembro del Sistema Nacional de Creadores de Arte. En 2004, fundó el despacho de arquitectura Manuel Cervantes Céspedes. La estrategia proyectual de la oficina parte de la comprensión y el aprovechamiento de los límites. Ha impartido talleres y conferencias en varias universidades de México, Estados Unidos, España, Portugal y Brasil.

MARIO SCHJETNAN: GDU: GRUPO DE DISEÑO URBANO

GDU (Grupo de Diseño Urbano), founded by Mario Schjetnan, is an interdisciplinary design group focused on producing integral environmental design concepts that connect landscape architecture, architecture, and urban design and placing them in spatial, aesthetic and social settings. The philosophy is based on rural or urban environmental design, which must be transformed into a creative process, balancing nature and the careful observation of local culture, climate and context.

GDU (Grupo de Diseño Urbano), fundado por Mario Schjetnan, es un grupo de diseño interdisciplinario enfocado en producir conceptos integrales de diseño ambiental, que conectan arquitectura de paisaje, arquitectura y diseño urbano, en un contexto espacial, estético y social. Su filosofía se fundamenta en el diseño ambiental, ya sea rural o urbano, que debe ser transformado en un proceso creativo, en balance con la naturaleza y la observación cuidadosa de la cultura local, el clima y el entorno.

OSCAR HAGERMAN + CANO VERA

Oscar Hagerman earned his BA in Architecture from the National Autonomous University of Mexico. His career has mainly focused on designing houses, furniture and schools for indigenous and *campesino* communities. He has taught at various faculties and universities in Mexico, and received awards such as the Quorum Prize, the Prince Claus Prize (in the Netherlands), and the Gallo Prize from the Iberoamericana University.

CANO VERA is an architecture studio founded by Juan Carlos Cano and Paloma Vera, for whom architecture must prioritize finding solutions to specific problems that can make a positive impact on society. Regardless of the scale or use of each project, there must always be a social commitment that goes beyond the particular issue being addressed.

Oscar Hagerman es arquitecto por la Universidad Nacional Autónoma de México. Su práctica se ha enfocado principalmente en el diseño de casas, mobiliario y escuelas para comunidades indígenas y campesinas. Ha sido maestro en varias facultades y universidades en México. Ha obtenido diversos galardones, entre los que se encuentran el Premio Quorum, el Prince Claus, de Holanda, y el Gallo, de la Universidad Iberoamericana.

CANO VERA es una oficina de arquitectura fundada por Juan Carlos Cano y Paloma Vera. Su pensamiento considera que la arquitectura debe tener como prioridad su condición de resolver problemas específicos, que incidan de manera positiva en la sociedad. Sin importar la escala o el uso de cada proyecto, siempre debe de existir un compromiso social que vaya más allá de la particularidad que se intenta resolver.

TALLER 6A

This studio believes in architecture's need to be nourished by an interaction between construction and space. Imagining every possible reading of the site and its inhabitants offers an opportunity to find solutions. Every project is embedded in a larger process, which always needs to be considered, always with natural solutions taking priority. As an essential part of its work on every scale, Taller 6A is interested in using local construction techniques and materials to create a dialogue between the studio's projects and their surroundings.

Considera que la producción de lo arquitectónico se alimenta de la provocación que hay entre lo edificado y la espacialidad. Imaginar todas las lecturas posibles del lugar y quien lo habita, es una oportunidad para dar solución a necesidades. Cada proyecto está inmerso en un proceso de mayores proporciones, a las que hay que responder siempre anteponiendo lo natural. Su interés centra en procesos constructivos y materiales propios del lugar a intervenir, como parte esencial de las soluciones en diferentes escalas, para propiciar diálogo en su coexistencia.

TALLER ADG

A practice that mainly develops architectural projects with an important social role, ascribing importance to every stage in the creative process, starting with research, and also considering issues of urban design, sustainability, landscaping, interior design and graphic identity. The firm uses technology to build in a single virtual model, and its founder —Alonso de Garay—considers the practice along the lines of a workshop: working through a process of learning and constant refinement, investing the time and passion needed to make every project an artistic and well-judged creation.

Taller dedicado al desarrollo de proyectos arquitectónicos llamados a tener relevancia social. Valora cada etapa del proceso de creación, que comienza con investigación, contempla cuestiones de urbanismo, sustentabilidad, paisaje, interiorismo e identidad gráfica. Se trabaja con tecnología para la construcción en un solo modelo virtual. ADG se plantea como un taller por su fundador, Alonso de Garay, pues su labor es un camino de aprendizaje y perfeccionamiento, con la dedicación y pasión que deben consignarse al arte, que busca la sensatez en cada proyecto.

TALLER HÉCTOR BARROSO

Founded in 2010 by Héctor Barroso Riba, this practice focuses on research, experimentation and dialogue to explore specific results in its projects, which are always firmly rooted in their location, following a rigorous analysis of the context and available resources.

Fundado en 2010 por Héctor Barroso Riba, centra su trabajo en la investigación, la experimentación y el diálogo para encontrar resultados específicos en arquitectura, que siempre está arraigada al sitio, bajo un riguroso análisis del contexto y los recursos disponibles.

TALLER | MAURICIO ROCHA + GABRIELA CARRILLO

Since its foundation, TALLER has worked to develop a contemporary architecture sensitive to its context and the environment, which combines a suitable selection of materials from the region and the use of the best available technology. Every project includes high-quality and dignified spaces, seeking a balance between budget, context, typology and use. Their work includes public and private developments, alongside ephemeral architecture initiatives, exhibition designs, art interventions and academic papers.

TALLER trabaja con la intención de desarrollar una arquitectura contemporánea sensible al contexto y el medio ambiente, que combine una adecuada selección de materiales de la región con la mejor tecnología disponible. La dignidad y calidad de los espacios es una constante en todos los proyectos, que buscan el balance entre presupuesto, contexto, tipología y destinatario. En su trabajo se encuentra el desarrollo de proyectos de carácter público y privado, así como una labor paralela con arquitectura efímera, en museografías e intervenciones de arte, y la academia.

S-AR

S-AR is a collaborative, alternative architecture studio founded in Monterrey, in 2006. Today the project development office is based in San Pedro Garza García, in Monterrey's metropolitan zone, while the project coordination headquarters is in Mexico City. S-AR works on architectural design and development projects in various typologies and on different scales, including urban design, street furniture and other objects, as well as independent publishing projects on architecture-related themes.

Taller colaborativo de arquitectura alternativa fundado en Monterrey, en 2006. Hoy la oficina de desarrollo de proyectos se encuentra en San Pedro Garza García, en el área metropolitana de Monterrey, y la de vinculación de proyectos se ubica en la Ciudad de México. El trabajo de S-AR se enfoca en el diseño y desarrollo de proyectos de arquitectura de diversas tipologías y escalas, incluyendo diseño urbano, mobiliario y otros objetos o proyectos editoriales independientes sobre temas de arquitectura.

MÉXICO.
ECHOES OF A LAND

MINISTRY OF CULTURE
SECRETARÍA DE CULTURA

Paseo de la Reforma y Campo Marte s/n,
colonia Chapultepec Polanco,
delegación Miguel Hidalgo, C.P. 11560,
Ciudad de México

Secretary Secretaria
María Cristina García Cepeda

Cultural Development Undersecretary
Subsecretario de Desarrollo Cultural
Saúl Juárez Vega

Undersecretary of Cultural Diversity
and Promotion of Reading
Subsecretario de Diversidad Cultural
y Fomento a la Lectura
Jorge Gutiérrez Vázquez

Senior Officer Oficial Mayor
Francisco Cornejo Rodríguez

General Director of Publications
Directora general de Publicaciones
Marina Núñez Bespalova

NATIONAL INSTITUTE OF FINE ARTS
INSTITUTO NACIONAL DE BELLAS ARTES

Paseo de la Reforma y Campo Marte s/n,
colonia Chapultepec Polanco,
delegación Miguel Hidalgo, C.P. 11560,
Ciudad de México

General Director Directora general
Lidia Camacho Camacho

Deputy Director of Artistic Heritage Property
Subdirector general del Patrimonio Artístico Inmueble
Xavier Guzmán Urbiola

Director of Architecture and Conservation of the
Artistic Heritage Property Department
Directora de Arquitectura y Conservación del
Patrimonio Artístico Inmueble
Dolores Martínez Orralde

Director of Public Relations and Communications
Director de Difusión y Relaciones Públicas
José Luis Flores Beltrán

INBA Team Equipo INBA
José de Jesús Alvarado, Teresita Ramírez, Josué Flores

Advisory Board Comité Técnico
Lidia Camacho, Xavier Guzmán, Dolores Martínez,
Ernesto Alva, Juan José Kochen, Francisco Serrano,
Bernardo Gómez-Pimienta

Commissioner Comisaria
Gabriela Gil Verenzuela

Curator Curador
Gabriela Etchegaray

Exhibition Design Diseño de Exhibición
Jorge Ambrosi

Research Assistant Asistencia en Investigación
Marina Povedano

Structural Engineer Ingeniería Estructural
Gerson Huerta

Assistants Colaboradores
Ivo Martins, Mariana Ávila, Marcos Collin,
Santiago Bonilla, Lucas Hoops, Andrea Ramos

Construction Construcción
We Exhibit

EXHIBITED ARTWORK
OBRA EXHIBIDA

Aerial Video Video Aéreo
Santiago Arau
Drone Video of 21 projects realized between
January 10 and May 2, 2018.
Video con dron de 21 proyectos realizados entre
el 10 de enero y el 2 de mayo, 2018.

Architectural Portraits Retratos de Arquitectura
Lake Verea. Francisca Rivero Lake, Carla Verea
Photographs of 21 projects taken between January
8 and February 15, 2018.
Fotografías de 21 proyectos tomadas entre
el 8 de Enero y el 15 de Febrero, 2018.
Serie *Paparazza Contemporánea*

Participants **Participantes**
Oscar Hagerman + CANO VERA; Alejandro Guerrero, Andrea Soto | ATELIER ARS; Comunal: Taller de Arquitectura + Onnis Luque; Isaac Broid + PRODUCTORA; Taller Héctor Barroso; Juan Carral Arquitectura; Carlos González Lobo + María Eugenia Hurtado; Manuel Cervantes Céspedes; JSª | Javier Sánchez + Aisha Ballesteros; Estudio Macías Peredo; Enrique Norten | TEN Arquitectos; Taller 6A | Alejandro Sánchez García, Mariza Flores Pacheco; S-AR; Estudio MMX; Taller | Mauricio Rocha + Gabriela Carrillo; Javier Muñoz + Mario Peniche + Augusto Quijano + Alejandro Vales + Jorge Carlos Zoreda; Mario Schjetnan: GDU: Grupo de Diseño Urbano; Enrique Lastra de Wit; Estudio ALA; Escobedo-Soliz; Alonso de Garay | Taller ADG

Light Art Installation **Instalación Lumínica**
Maurici Ginés
I-1Instante #1; I-2 Instante #2; I-3 Instante #3

Territorial Drawings **Dibujos del Territorio**
Alberto Kalach
M-1B', M-2A, M-5B, M-6A, M-9B, M-10A, M-13B, M-14A.
Descriptive sketches. Planning and containment of urban sprawls, agricultural areas, reforestation of the territory, road and rail infrastructure.
Bocetos descriptivos. Planificación y contención de extensiones urbanas, áreas agrícolas, reforestación del territorio, infraestructura vial y ferroviaria.

Section Drawing **Sección Ilustrada**
Hugo Sánchez
M-1B Cross section of the country showing vegetation species representative of different habitats. M-1B
Sección transversal del país mostrando las especies arbóreas representativas de diferentes hábitats.

First Statement M-1B **Primera Declaración M-1B**
Text **Texto:** Damián Comas

Second Statement M-16B **Segunda declaración M-16B**
Text **Texto:** Juan Palomar, Carlos Zedillo

Video Installation M-16A **Instalación de Video M-16A**
Hugo Royer

Information and Graphics Video M-16A
Información y Gráficos en Video M-16A
Ambrosi Etchegaray, O-RU (Oficina de Resiliencia Urbana), Hugo Sánchez, Santiago Arau.

Sound Compositions **Composiciones Sonoras**
Manuel Rocha Iturbide
C1-B-36-A for 17 spatialized digital tracks, 2004; C2-Bandas de pueblo, 1991; C3- Bajo el Volcán, 2005; C4-Pájaros del Altiplano, 2006; C5-Geografías Agrestes, 2010; C6: Revolución, 2008

Sponsors **Patrocinadores**
Mármoles Arca, Gerardo Cortina
Payanini SRL, The Stone Brand, Vladimir Payano
iGuzzini; LMI Laboratorio Mexicano de Imágenes;
Fablab DF

ACKNOWLEDGEMENTS
AGRADECIMIENTOS

Special thanks to Francisco Serrano, Bernardo Gómez-Pimienta, Ernesto Alva and Manuel Cervantes who supported and contributed with their feedback to complete the project. To Felicity Scott and Mark Wasiuta who provided critical advice. This catalogue would not have been possible without the commitment of Gabriela Varela and David Kimura. We thank all the team at Ambrosi Etchegaray for their time and dedication to the office projects during the biennale process—Ivo, Mariana, Santiago, Lucas, Andrea, Miguel, Daniela, Alonso, Castaña, Carlos, Sarah, Gerardo, Adriana, Jesús, Mónica.

Also, special thanks to Gerardo Cortina (Mármoles Arca) and Vladimir Payano (Payanini SRL, The Stone Brand) for the sponsorship, without their support the pavilion would not have been the same. Thanks to iGuzzini; LMI Mexican Imaging Laboratory and Fablab DF for their contribution to the project.

Un agradecimiento especial a Francisco Serrano, Bernardo Gómez-Pimienta, Ernesto Alva y Manuel Cervantes por el apoyo y la retroalimentación que sin duda enriqueció el proyecto. A Felicity Scott y Mark Wasiuta quienes acompañaron el proceso con una visión crítica. Este catálogo no habría sido posible sin el compromiso y trabajo de Gabriela Varela y David Kimura. Agradecemos al equipo Ambrosi Etchegaray por su tiempo y dedicación en los proyectos de la oficina durante este periodo —Ivo, Mariana, Santiago, Lucas, Andrea, Miguel, Daniela, Alonso, Castaña, Carlos, Sarah, Gerardo, Adriana, Jesús, Mónica.

A Gerardo Cortina (Mármoles Arca) y Vladimir Payano (Payanini SRL, The Stone Brand) por el patrocinio, el pabellón no habría sido el mismo sin su apoyo. Gracias también a iGuzzini; LMI Laboratorio Mexicano de Imágenes; Fablab DF por sumarse al proyecto.